La Sainteté du Serment

RÉTABLIE CONTRE

LA DOCTRINE DU PARJURE.

PARIS. — IMPRIMERIE DE RACQUELIN ET BAUTRUCHE,
Rue de la Harpe, 90.

TRAITÉ

DE

La Sainteté du Serment

CONTRE

L'ENSEIGNEMENT DU PARJURE;

Démontrée d'autant plus grande que le Roi est plus Nouveau,
le Fonctionnaire Meilleur, et l'Electeur plus Sage : —
offrant, par son Histoire générale, une Exposition et
une Défense nouvelles de la Religion : — et, par
sa force, le dernier moyen de Mœurs et d'Ordre publics dans la Société.

Le Livre
des Députés, des Électeurs, des Fonctionnaires Publics,

des Magistrats, et des Familles de France.

Par l'Auteur des : Magnificences de la Religion.

Nescierunt Sacramenta Dei. SAG. II.

Édition augmentée, et revue aux pages 58, 68, 75, 94, 100, 14, 20,
8, 35, 50, etc., 155. 70, etc., 74, 9, etc., 85, 9, etc.

PARIS,

X. HAUQUELIN, ÉDITEUR, RUE DE LA HARPE, 90.

HIVERT, QUAI DES GRANDS-AUGUSTINS, 55.

WAILLE ET COMP., RUE CASSETTE, 6.

ET CHEZ TOUS LES MARCHANDS DE NOUVEAUTÉS.

1845.

A Son Excellence

M. LE MARQUIS DE BRIGNOLE,

Ambassadeur de S. M. le Roi de Sardaigne.

Italiam ! Italiam !

Je n'ai jamais conçu, sans une injure à l'Auteur, une *Dédicace* par lui communiquée à celui qui en est l'objet ; et surtout, sans un oubli de dignité de celui-ci, son agrément préalable de la *Dédicace*.

Je n'ai même jamais conçu de *Dédicace* d'un Livre, lorsqu'elle n'est pas un Argument en faveur du Livre.

Et j'ose dire que celle-ci en est un de l'Opuscule que j'ai pu intituler : la *Sainteté du Serment*, le premier Traité d'un immense et magnifique Sujet qui ait encore été publié dans aucun temps et dans aucune langue.

Aujourd'hui que les Rois sont de plus en plus rares entre les Princes, et qu'ils manquent bien autrement aux Peuples que les Peuples aux Rois, il faut, de nécessité, chercher des grands exemples de bien et de mal ailleurs ;

C'est-à-dire entre les deux :

Car ce *Milieu*, dont on a ri, est bien plus vrai ou bien plus faux qu'on ne pense.

C'est aussi le seul qu'on puisse et qu'on doive flatter, ou reprendre.

Il y a des flatteries, comme il y a des attaques, permises et même commandées ; ce sont celles qui sont toujours au-dessous, à la fois, du flatté et du flatteur ; et la position de votre Excellence est si haute, et ma pensée, à moi, si catholique, et si fidèle, que nous sommes, vous et moi, sur des échelles diverses, dans le cas du Devoir.

A ce point de vue, vous êtes, Monsieur, et comme Homme Public, et comme Homme Social, et comme Homme Européen, et, ce qui est encore plus, comme Homme, dans une position unique peut-être en France, et, par conséquent, dans la Chrétienté.

Dans un temps où les peuples et les conditions sociales luttent, divisées, entre l'Ordre public des Pouvoirs existans, et l'Ordre social qui semble plutôt l'apanage des pouvoirs moraux et antiques, vous êtes, par votre Noblesse, par votre Pays, par votre Fortune, par votre Age, et surtout par l'Autorité incessante de votre Caractère et de vos Mœurs, un de ces *Liens*, si rares en France, et si bienfaisans entre les partis les plus opposés et les sociétés les plus différentes.

En sorte que, s'il y avait quelqu'un, à cette époque, à Paris, en France, et ailleurs, qui représente davantage la vraie Grandeur, et, je le dirai, la Dignité du Catholicisme et de la Monarchie raisonnables, et même raisonnées, les seules désormais possibles,..... ce serait Vous.

Et d'abord, vous appartenez, par votre Naissance, à la plus belle partie, au plus beau Lieu, au plus beau Point de vue, de la tant belle Italie; — à ce *Milieu*, entrevu à la fois par Socrate, au livre IV de la *République* de Platon, et par l'Esprit-Saint de David, LXXIII : *Operatus est Salutem in Medio Terræ;* et par celui d'Isaïe, XIX, 24 : *Benedictio in Medio Terræ;* — à cette *Pierre Fixe*, que Virgile appelle : *Capitoli Immobile Saxum ;* — à ce Point de Mire du Monde Social, auquel et pour lequel toutes les Grandeurs ont été Prédites et accomplies.

Et dans cette Italie, vous appartenez à cette Gênes qui, par son nom (*Janua*), semble fixer l'Univers, ou être la porte ou la clef du monde, surnommée *la Superbe* ; —dont le Site, en Amphithéâtre, surpasse peut-être celui de Naples ; — dont les *Jardins* de fleurs et même d'orangers sont *en l'air*, comme à Babylone; — dont le *Palais Sauli* est le chef-d'œuvre de Galeas Alessi, et, selon plusieurs, de toute l'Italie ; — dont les simples palais aristocratiques semblent des *Louvres en Marbre;* —et qu'on dirait posée, bâtie pour un *Congrès de Rois;* — dont la Banque, la plus riche de la terre, était sous le Patronage d'un *Saint*, et la *Monnaie* sous celui de la Vierge, avec ce mot : *Guide-la ;* — où chacune des nombreuses et belles Eglises est l'œuvre et le Don d'un

Seul homme ou d'une Seule famille; — où la simple *Assomption* des Carignan, *Saint-Pierre de Rome* en miniature, est un des plus beaux morceaux de toute l'Italie; — et qui comptait un moment, dans ses enfans successifs, les plus grands hommes peut-être du monde :—Grégoire VII, le premier qui donna lieu à un Concile et à Rome de déclarer que le Souverain Pontife se nommerait seul PA-PE, comme père à deux titres;—Innocent IV, le Père du Droit; — Nicolas V, qui prédit si juste, dit Fleury, la prise de Constantinople; —Jules II, qui posa la Première *Pierre* de *Saint-Pierre de Rome;* — Innocent VIII, qui faillit ramener la Turquie à Rome;—et avec eux, et leur contemporain, ce Christophe Colomb, qu'un célèbre Génois de nos jours (Gagliuffi), votre protégé, a peint d'un Vers sublime :

..... *Unus erat Mundus* ; *Duo sint, ait iste : Fuere.*

Enfin, vous appartenez, par votre adoption, à cette Monarchie la plus ancienne, la plus illustre, la plus vertueuse, la plus *Pie* (le Roi Amédée voulait que le *Pié-Mont* en fût la preuve) et la plus fortunée de l'Europe; — dont la Capitale (Turin) est la Place la plus imprenable du monde, et le *Superga* (le *Saint-Denis* des Princes de Savoie), le plus beau Panorama de l'Europe; — à cette Monarchie que j'ai pu, que j'ai dû mettre, catholiquement parlant, dans les *Magnificences de la Religion*, au-dessus de toutes les autres, sans excepter la France et les Etats-Romains; — à cette Monarchie unique, qui, depuis sa fondation, c'est-à-dire depuis plus de 1200 années, n'a pas été le théâtre d'*un seul* régicide, ou seulement d'*une seule* excommunication !

Non moins élevé par votre Naissance, par votre Famille, par vos Alliances, Monsieur, vous avez trouvé, dans votre Maison, tous les avantages du monde qui frappent le plus les regards et l'esprit du monde : — la grandeur historique, dans des Souverains, sous le nom de *Doges ;*—et dans des ancêtres, dont un (Antoine-Jules), fils du Doge, Ambassadeur à Madrid, qui, à son retour, perdit sur mer sa femme à la fleur de l'âge, renonça au monde, se donna à l'Eglise, triompha même dans les Chaires chrétiennes d'Italie, consacra à des Fondations de bienfaisance la dernière moitié de son patrimoine immense, dont il avait donné la première, avant d'avoir quitté le monde (300,000 francs à des Hôpitaux, 100,000 pour une Galère à l'Etat, qui lui donna le nom de *Brignole*, et 100,000 dans une seule disette).—Un second, l'Emmanuel de votre famille, fonda l'*Hospice-Dieu* de Gênes, releva le *Refuge du Seigneur*, et donna aux pauvres de sa patrie jusqu'aux 19|20es de ses grandioses richesses..... — Un autre Brignole, votre oncle, savait encore affranchir sa fière Patrie de la domination des Autrichiens, en 1746.

Vos Palais de ville et même de campagne, ceux des Négrone, des Durazzo, des Galliera, des Melzi, devenus les vôtres, leurs Bibliothèques, leurs Galeries de Peinture, brillent encore, à côté de celui des Palavicin, habité par Cromwel ;—de celui des Sauli, le chef-d'œuvre de Galeas Alessi, et peut-être de toute l'Italie; — de celui des Serra,

nommé le *Palais du Soleil* par le président Dupaty ; —
de celui des Saluzzo, appelé le *Paradiso*, que Lord Byron
quitta en larmes dans le pressentiment de sa mort, un an
juste avant ; — et des Jardins célestes du marquis Charles
di Negro, le traducteur du *Petit Carême* de notre
Massillon en *terzines* (Sacri Sermoni, in-4° superbe).

Et dans votre race, Monsieur le Marquis, le don des
Bonnes Œuvres et de la Naissance n'exclut jamais celui
de la science. Un de vos célèbres ancêtres, Antoine de
Brignole, fut, au 17e siècle, l'éditeur et l'illustrateur des
Classiques grecs et romains, et composa des *Discours
Politiques et moraux sur Tacite*, supérieurs à ceux de
Machiavel sur Tite-Live.

Aujourd'hui encore, le Cardinal de Brignole, savant
Archéologue Romain, vient de célébrer, par un Livre, *La
Constante Protection des Sciences et des Arts par les
Souverains Pontifes*. Et vous ne craignez pas vous-
même, dans vos loisirs, de célébrer les dernières gloires
de l'Italie nouvelle, et d'apprécier, dans leur langue, les
belles *Odes* de Pindare, que l'antiquité nomma *le Chantre
des Dieux*.

Les Services que vous avez rendus à vos deux Patries
de naissance et d'adoption sont à l'égal de votre Naissance et de vos qualités personnelles. Vous avez été choisi
par l'une pour Ambassadeur au Congrès de Vienne, où
elle aspirait encore à recouvrer son antique indépendance ; et par l'autre, d'abord pour être Ambassadeur en Espagne, comme afin d'assister à la Naissance
du Prince des Asturies, visiblement destiné, par la

Providence , à pacifier son pays désolé par un demi-siècle de guerres civiles et étrangères ; — ensuite à Saint-Pétersbourg , et enfin à Londres , pour honorer le Couronnement et le Sacre des deux Souverains les plus puissans du Nord, l'Empereur de Russie et la Reine d'Angleterre.

C'était , il faut le dire , d'assez beaux précédens à la plus belle Ambassade du monde : celle de Paris, où vous attendait, où vous désirait d'abord à sa place le digne rejeton de la plus grande Famille de Savoie, une moitié de la vôtre, celle qui a donné François de Sales à la Chrétienté.

Mais, ce qui vous distingue d'autant mieux que vous n'y pensez pas, Monsieur , c'est la Vertu, et la Piété de la Vertu , le trait , s'il n'en était qu'un, de votre caractère. Seul peut-être, entre tous les Ambassadeurs des Rois dans les Capitales du monde, vous trouvez, au milieu des occupations et des préoccupations les plus grandes des affaires et de la société, ce que le grand Evêque d'Amiens, d'Orléans de la Motte, appelait : *la Meilleure des Heures du Chrétien : l'Heure de Dieu hors de chez soi.*

Comme en accomplissement de cette Prophétie du Sage : *Nuntius impii cadet in malum : Legatus autem Fidelis Sanitas.* PROV.

L'Etat de Gênes , qui doit à votre Administration ses plus beaux Etablissemens modernes : le Palais des Beaux Arts, la Bibliothèque, etc., le Théâtre même, trop beau peut-être, vous a vu le premier en courage, en désintéressement, en persévérance, et en bonheur, au terrible fléau du Choléra, qui décima vos concitoyens.

Voyez ce que la Savoie a de Français et d'heureux pour elle et pour nous !.... D'abord, elle nous donna, elle nous consacra, elle nous *rendit* le plus grand, le plus illustre de ses grands hommes modernes (en même temps que les premiers de ses petits : Lagrange, Ducis et Paganini)..... le comte Joseph de Maistre ; lequel, en s'élevant à la Langue Française, rendit un éclatant hommage à la France. — Ce qu'elle a fait pour le Génie en faveur de la France, à présent qu'elle ne lui donne plus de Reines, on dirait qu'elle a voulu le faire pour quelque chose de supérieur encore au génie et surtout à la royauté, la Vertu élevée et modeste.

Les *Armes* même de votre Excellence semblent le secret de sa Foi : et votre *Lion montant sur une Croix* (comme pour *décrucifier* le Sauveur, ou l'empêcher de monter sur la Croix) rappelle le trait de notre Crillon, dont la Maison est de Savoie, lequel, assistant à un Sermon éloquent sur la Passion, le Vendredi Saint, lorsqu'on en fut au tableau de la Conjuration et des Préparatifs du Déicide, s'écria, en tirant son Epée : *Que n'étais-tu là, Crillon ?*

Et si quelqu'un, en Europe, avait, de fait et de droit, la qualité d'ami de la France, et même de Français dans l'âme, et dans le langage, ce serait Votre Excellence..... Vous portez le Nom et les Emblêmes d'une de nos Villes du Midi, Brignolles, la patrie de celui que

Voltaire nomma le *Français par excellence* (Rivarol) ; et vous sentez couler dans vos veines le Sang même de ce François de Sales, qui disait : « Mon corps et mon âme sont à la Savoie ; mais la Savoie et mon esprit sont à la France. »

Vous eûtes même, Monsieur, le bonheur pour nous et pour vous d'être élevé au milieu de nous , sous les auspices d'une Mère dont la supériorité célèbre faillit faire régner l'Italie à la Cour de Bonaparte (né sujet de votre Gênes !) , d'être élevé dans les honneurs d'une Cour nouvelle qui imposa à toutes les vieilles , et dans les illusions ou les terreurs d'une gloire qui nous est échappée.... C'est peut-être dans votre Préfecture à Savone, à la fleur de l'âge, à Savone consacrée alors par le long séjour de Pie VII, que vous conçûtes le sentiment religieux qui vous glorifie.

En sorte que la Nature, la Société, la Providence, ont tout fait pour vous revêtir et vous rendre digne de toutes les grandeurs passées et présentes , de Gênes la Superbe, de la Savoie heureuse, de la France souveraine, jusque dans ses sujétions apparentes ou momentanées, et même de l'Espagne, de l'Angleterre et de la Russie. Et, seul peut-être, vous avez su, dans ce siècle jaloux, et dans notre société divisée en tant de fractions et de passions diverses, vous faire pardonner, par tous les partis, toutes les grandeurs, et n'avoir pas un adversaire peut-être , lorsque les plus habiles et les meilleurs ont des ennemis.

Si donc quelqu'un , en ce moment , était au-dessus

même des *Rois*, ce serait l'Ambassadeur de celui d'entre eux qui *s'en va* le moins.

Et vous avez, Monseigneur, leurs grandeurs, sans leurs *Responsabilités*.

Cependant, vous n'avez pas dédaigné, depuis déjà bien des années, au milieu des plus grandes préoccupations diplomatiques et sociales, d'être attentif à des travaux d'autant plus importans peut-être qu'ils sont plus opposés à tous les autres, et de deviner, j'ose le dire, leurs succès avant leur publication.

Votre bienveillance, je dirai, je dois dire peut-être votre amitié, des ouvrages est venue sur l'auteur ; et, comme elle est plus réfléchie, accordée en plus grande connaissance de cause que celle des Rois, l'auteur ici et sa personne en sont bien autrement flattés.

Vous aviez droit à ma reconnaissance publique :

Nihil est quod malim quàm me *Gratum* esse, et *Videri*. CICÉR. *Pro Plancio.*

En sorte que c'est moins un honneur que je voulais vous demander, qu'un hommage que je voulais vous rendre.

Vous êtes, Monsieur le Marquis, le Fidèle par excellence, le Fidèle en Politique, le plus Fidèle encore en Religion, en éminent, en vivant témoignage enfin de la vérité d'un opuscule fidèle par excellence, fidèle à tout prix, destiné peut-être, par son union de la politique à la religion, à sanctionner et à grandir plusieurs autres ouvrages. Il vous appartenait, il appartenait à la France

et à plus loin que la France, il m'appartenait à moi-même
de lire votre Nom à sa tête.

Quoi qu' en soit, et ce sera, je l'espère, son moindre
mérite , comme *Noblesse Oblige* et fait *Obliger*, cette
Dédicace qui, seule, annonce et résume le Livre, n'est
pas de **nature à** *obliger* moins en faveur de la Société,
et la Société elle-même , et l'illustre Personnage auquel
elle s'adresse, et l'humble et fier Fidèle qui s'en est fait
un devoir, presque égal à celui du Livre , lequel est
l'expression ingénue, et quelquefois hardie , de sa Foi
Romaine et Royaliste.

A. MADROLLE.

Il ne faut pas s'étonner du retour annuel , quotidien de la
Question du Serment , dans les Chambres et dans les Cours ,
dans le Journalisme et dans l'Opinion : c'est la question de l'erreur et de la vérité fondamentales; la question de la Foi, de la
Religion, et, disons-le, de la Société, de l'Ordre Social.

C'est la question à la fois du Roi au Citoyen, du Prêtre à
l'Homme, de l'Homme à Dieu.

C'est, par conséquent, la question du Roi, du citoyen, de
l'homme, de Dieu lui-même.

C'est, en tout cas, la question du dignitaire, du fonctionnaire, grand, moyen, petit : du Pair, du Député, de l'Electeur,
du Magistrat, du Maire.

C'est la question de l'ordre public pour tous, la question du
salut et de l'*Ame* pour les Catholiques , pour les Chrétiens, pour
les simples Déistes ; — la question de l'*Honneur*, en tout cas.

Au physique ainsi qu'au moral, la Question de Vie et de
Mort : car c'est la question de tous les devoirs, de toutes les
Vertus, et par conséquent de tous les crimes, de tous les mal-
heurs et de tous les saluts, publics et particuliers.

Qu'est-ce, auprès de cela, que la querelle de l'*Enseignement* entre le Clergé et l'Université, entre les Jésuites même et la Révolution? Dans le premier cas, il ne s'agit que de l'enfant; dans le second, de 300 individus, au plus.

Dans le Serment, c'est de l'*Homme*, c'est de la *France*, c'est du Clergé et des 206 Jésuites même qu'il s'agit.

Et, ce qui fait surtout aujourd'hui, de la question du Serment, la question vitale, c'est que les journaux qui se disent, et qui se croient peut-être, de la morale, de la légitimité, et même de la foi, sont précisément les journaux qui se trompent, et qui trompent ici le mieux : la *Quotidienne* et la *France*, la *Gazette de France* et l'*Univers religieux*, cette fois d'accord. — Seulement, les premiers, auxquels le trône importe bien autrement que l'autel, et qui le lui sacrifieraient volontiers,... sont ici moins faux, moins funestes, moins scandaleux que les seconds, plus lâches.

Et si tel Orateur de la Chaire, de la Jeune France *pensante* et *réfléchissante* de M. Royer-Collard, supposait perpétuellement la faculté d'éluder ou de violer le Serment!

Et si l'Enseignement par tel Ecclésiastique, et même par tel séminaire, si la Direction par tel *aveugle qui en conduit un autre dans le précipice...* du *Tribunal de la* prétendue *Pénitence*, se réduisaient, en dernière analyse, à l'art consciencieux de la foi douteuse, de l'infidélité, et même du parjure!..
Ce serait bien autre chose.

Disons-le donc, tout le gouvernement, tout le pays, vivent ou *gisent* dans *l'entente* intellectuelle, et dans la pratique *cordiale* du serment; et toutes les révolutions, et toutes les restaurations, les pires et les plus parjures des révolutions, doivent en sortir, et en sortent effectivement.

Nous le prouvons dans une partie, et même dans toutes les parties du grand *Manifeste:* le plus faible des Gouvernemens, en tant qu'il *existe* une fois, et qu'il a choisi une fois, et peut choisir de mieux en mieux, ses 213,000 hommes (c'est le nombre) de *l'Almanach Royal*, est, par le seul fait de *l'intérêt* et de *l'honneur* proprement dits, tout-puissant pour exister, et même pour continuer d'exister, c'est-à-dire, apparemment, pour acquérir des forces nouvelles.

Ces 213,000 grands et notables fonctionnaires proprement dits, par le seul mobile de leur position, et par des *grâces* d'habitudes et *d'état*, rectifient, quand ils n'instituent pas, directement ou indirectement, et les petits *fonctionnaires* à leur suite, et les 200,000 *Electeurs*, nombre à peu près égal au leur.

(L'Armée, elle, est, bien plus facilement, et naturellement, ce que la fait son État-Major).

Que serait-ce (et cela *est...*) si les 213,000 *Fonctionnaires* nommés, et renommés, de l'*Almanach Royal*, étaient, *eux-mêmes*, la plupart, les 200,000 *Électeurs ?*

Supposez-leur le *sentiment* seulement religieux du *Serment* (et nous leur en donnons la Logique et la Théologie), quelle opposition *politique*, et surtout quelle opposition *religieuse*, ou hypocrite, seraient capables d'imposer à l'ordre de choses qu'ils supposeraient, et même qu'ils constitueraient ?

Si vous ajoutez aux 200,000 assermentés sérieux de *l'Almanach Royal*, les 40,000 Assermentés. . sacramentels de l'*Almanach Ecclésiastique...* qui vous sont acquis de droit, et par les seuls faits de votre *existence*, à vous, et de leur science et de leur *conscience* à eux, vous voilà invincibles, mais aussi, et dans un sens que la *Gazette de France* ne niera point, celui-là, par la *Grâce de Dieu* Seul.

Et la Dynastie, et le Gouvernement même de Juillet, ne sont pas plus éloignés de le penser que de le dire. — C'est un fait, — Et M. de Locmaria est inique et audacieux à le nier, et à le signer même, dans la *Quotidienne* du 29 Juillet 1844 : — « On veut la Religion pour les masses, pour ses valets, pour sa fille, pour sa femme ; mais on ne la veut pas pour soi, ni pour la

femme de son voisin.» —Paroles horribles, calomnieuses, non ·
seulement de la famille d'Orléans et de la plupart des hommes
du Gouvernement, mais encore, et surtout, de la *France par*
et *pour* laquelle on prétend faire *Tout,* dans la *Quotidienne.*
— Et qui retombent, de tout leur poids suicide, sur la plupart
des héros et même des *héroïnes* de la *Quotidienne.*

«Le *Peuple* reçoit l'exemple, il *ne le donne pas, et aujour-
d'hui* d'où lui vient-il? » —Deux autres propositions fausses. —
Si le *peuple* aujourd'hui était mauvais, il le serait plutôt par le
gouvernement d'*hier,* que par le contemporain. — Et puis, il
est des temps (et c'est précisément le 19ᵉ siècle en petit, et le
premier siècle ; celui du Christianisme, en grand) où c'est précisément le *Peuple* qui *donne l'Exemple* aux *Grands* ou aux Mé-
diocres, sans excepter le comte *De* (sic, sa façon *autographe*)
Locmaria, lui *Fidèle*…, que nous avons pris, nous, et nous
le Jurons, en flagrant délit de trahison de deux Princes!

Lorsque la plus haute et la plus infidèle Magistrature s'ar-
roge de donner des Leçons de fidélité et de serment, elle ren-
drait volontiers parjures les fidèles. Et les *Gazettes des Tribunaux* elles-mêmes ne rapportent pas, sans en rire, et sans les
flétrir, les *redressemens des torts* de l'innocence *stagiaire,*
par… Séguier : « Haut et Sincère, toujours, c'est avec fermeté
« qu'il faut prononcer et tenir ses sermens.» —Paroles auda-
cieuses, auxquelles M. de Montalembert, autre parjure, semble
répondre, par ces paroles suicides :«La France exploitée par une
« magistrature qui semble *commissionnée pour tuer la loi*
« *dans l'estime des hommes,* par des parquets *tenant à la fois*
« *de la nature du laquais et de celle du bourreau*; flétrie au
« dehors par sa Police, dans son intelligence et sa foi par l'U-
« niversité, dans sa conscience *par la Torture du Serment,* elle
« expie, *sous de vils Césars,* le triste matérialisme que le der-
« nier siècle a introduit dans ses lois et ses mœurs. »

Le mal est donc immense (*), et il ne l'est que parce qu'il

(*) Une Résolution qui, seule, ferait autant d'honneur et méri-

existe dans le *Parti* prétendu monarchique et romain exclusivement; à ce point qu'un des plus habiles et des plus sages Évêques de France , l'Évêque de Langres, effaçant , expiant en cela son opinion contre les aumôniers des colléges, a cru devoir publier un Mandement pour en montrer l'impiété. — «O vous , s'écrie-t-il, qui vous jouez du parjure, flatteurs imprudens ou des peuples ou des princes, dites-nous donc alors sur quel sol nous marchons; montrez-nous donc sur quelle première pierre repose aujourd'hui notre édifice social, et *voyez si vous ne nous conduisez pas à l'abîme.* Ah ! si le jeune prince dont le père en mourant a laissé dans la France tant de vide et tant de deuil , doit un jour monter sur le trône , que Dieu le préserve du souffle empoisonné de ces maximes impies ; mais que plutôt il apprenne et des divins oracles et des exemples de son illustre aïeul , que c'est la justice seule qui fait la gloire des nations et la stabilité des trônes, *Justitia elevat gentem* (Prov. xiv, 34), *et firmabitur justitiâ thronus ejus* (Prov. xxv, 5). »

Et le Digne Archevêque de Besançon a dit depuis, le 6 *août*, à l'héritier, même indirect, de la royauté nouvelle, à son passage dans la *Franche-Comté* fidèle : «Nous ne manquerons pas, Monseigneur, à notre Devise : *«Deo et Cœsari Perpetuò Fidelis. »*

---

terait autant de reconnaissance publique, à telle Session de Chambre, que les autres lois ne lui font pas même profit , serait la *Loi* ainsi conçue :

ARTICLE UNIQUE.

Chaque année, à un jour fixe (j'aimerais et pour cause le 29 *Juillet*), chacun des Fonctionnaires d'un Arrondissement, et en présence de tous, obligés de se réunir *ad hoc*, renouvellera son Serment, en grande audience du tribunal, et en audience solennelle dans les villes de Cours royales, entre les mains d'un Lieutenant du Roi (il serait beau et bien que, dans les grandes villes, ce fût l'Évêque).

Ce sont ces deux *Mandemens,* on peut le dire, de toute l'E-glise de France, parce qu'ils sont, aujourd'hui plus que jamais, celui de l'Eglise de Rome, que nous allons développer, et, osons le dire, grâce à Elle, démontrer : *Soli Deo, Soli Ecclesiæ, Honor et Gloria.*

Les erreurs, les illusions, les crimes sur le Serment et le parjure sont la plaie de la France au xix⁰ siècle.

La sonder, ce sera la guérir.

S'il pouvait y avoir un *Livre plus Utile aux Mœurs* du 19⁰ Siècle, au Jugement de Dieu, si différent de ceux de l'*Académie*, lesquels sont tous *cassés* le jour et même la veille de leur vote ici-bas,... ce serait, sans contredit, le Livre de la *Sainteté du Serment.*

Et qu'on ne dise pas que j'aie changé, ou seulement modifié, ici, mes opinions ! Je défie qu'on me cite un seul de mes écrits politiques, et surtout religieux, où je n'aie exprimé (et j'ai développé dans un, le *Traité des Devoirs Catholiques dans les Révolutions*) mon indépendance des *Royalistes,* en tant que *Parti.*—A ce point, que, jusque dans l'ouvrage, devenu rare, intitulé : *Un Roi devant ses Pairs* (ses Electeurs... des *Trois jours*), je n'ai pas craint, avant Grégoire XVI, et dès 1832, d'appeler Louis-Philippe (abstraction faite de ses anciennes *pensées* ou *actes* (*), dont je ne suis pas le *Juge*) : « Le plus grand Roi

------

(*) Celui, par exemple, de ses rapports avec la Femme du dernier des Condés. Et comme, en définitive, dans les plus grands Procès criminels il n'y a que mieux *un mot* qui manque toujours, avec la chose, aux *Avocats*, ce mot, nous le dirons Le Prince du Sang, le Bourbon surtout, qui laisse entrer chez lui une femme, une servante d'hôtel, une Étrangère, une Anglaise ; qui lui donne sa confiance, et jusqu'à la place d'une Épouse royale, plus vivante que jamais par sa mort, est assez visiblement, et moralement, régicide, conjugicide et suicide, sans qu'il soit besoin d'en chercher un ou une autre.

Et si le Duc de Bourbon n'a pas eu l'*Intention*, il avait, dans le

que la France ait eu depuis Louis XIII. › Car j'ai toujours eu horreur de Louis XIV... jusqu'à ses malheurs, et sa mort, acceptés magnifiquement.

---

sens, éminemment vrai, de notre Traité de la Fidélité et du Serment *Quand même*, il avait, disons-nous, le devoir de préférer, pour son immense fortune, une Famille Royale de fait, à une même de droit; et si la *Feuchère* a été pour quelque chose dans l'accomplissement du devoir, Dieu y a été encore pour plus.

« Tout *Fait* accompli, dit Leïbnitz, est une Volonté de Dieu....»

Fors, bien entendu, *toujours* le Jugement de l'Auteur du *Fait*, par Dieu, et *quelquefois* par le *Juge* temporel, Historien, Philosophe ou Moraliste.

LA

Sainteté du Serment

RÉTABLIE

Contre la doctrine du parjure.

Nescierunt Sacramenta Dei. SAGES. II.

Le *Serment* suppose, car il a pour objet, les choses et les personnes les plus belles et les plus unes du monde : le Catholicisme et le Catholique, la *Fidélité* et le *Fidèle.*

Fidèle ! Physiologiquement, le plus beau peut-être de tous les Noms, dans toutes les langues : parce qu'il en est le plus riche et le plus humble, le plus sonnant et le plus doux (Voltaire disait, sans savoir pourquoi : « Je ne sais pas en poésie de rime plus riche que l'*Elle* »), le plus expressif et le plus rationnel, le plus bienfaisant et le plus aimé. — Le plus aimable à entendre, en français comme en latin : *Fidelis ! Fidèle !* — le plus aimable à lire : *Fidèle...* — Verbe sublime et charmant à la fois : *Mel in ore, Melos in aure,* où l'on dirait : *Fid-èle... élu, Fils de Dieu.*

Comme le *Nom* est beau et rare, la chose et la *Personne* le sont encore bien davantage : c'est la

1

Charité par excellence, dont l'*amitié*, l'*attache-
ment*, l'*affection*, l'*amour* même, ne sont que des
détachemens et même des caricatures.

> Rien n'est plus commun que le nom,
> Rien n'est plus rare que la chose.
>
> La Fontaine.

La Fidélité (*)? C'est plus même que la *Miséricorde;* et le Sage le dit nettement dans trois versets
superbes : Multi homines misericordes vocantur :
Virum autem *Fidelem* quis inveniet? — C'est le
Juste qui marche dans sa simplicité : *Justus, qui
ambulat in simplicitate suâ.* — C'est le *Roi* assis sur
le trône du jugement, et dissipant le mal par son
seul regard : *Rex qui sedet in solio judicii, dissipat
omne malum intuitu suo.*

La Fidélité politique, disons-le, la Fidélité au

(*) La *Fidélité,* dans l'*ancienne* Rome, type, donnée,
précédent de la nouvelle, était une déesse distincte de la
Foi, à laquelle Numa bâtit un temple et des autels. Elle
était vêtue de blanc, tenait *une clef,* souvent *un cachet.*
et *un cœur* à la main. Sur la plupart de ses médailles,
on voit ses *deux mains jointes ;* et un chien était à ses
côtés. On ne lui offrait que des fleurs, des fruits et de
l'encens, jamais de victimes; et ses prêtres étaient couverts d'un voile blanc, comme elle (V. les *Mém. de
l'Acad. des Inscrip.*).

Roi, la Fidélité surtout de nos amis, ou mieux encore, des honnêtes gens, est la première des Fidélités; car elle est le secret et la raison, elle est, en tout cas, le signe de la fidélité à Dieu, et de la Fidélité de nos ennemis et des mauvais sujets. Et c'est aussi celle que Dieu commanda le plus à son *Peuple*; et que le Fils de Dieu recommanda le plus au sien.

Les gens du monde, les rois du paganisme la connaissaient, et elle se trouve supérieurement dans le fait et le mot célèbres du roi Antigone, qui « Priait les dieux de le préserver de ses amis, et disait : Il est facile de se garantir de ses ennemis ; mais les amis qui manquent de fidélité sont capables de ruiner les monarchies » (POLYANT. v° *Fides*).

L'ancienne Loi, qui n'allait guère qu'à l'esprit et même aux actes, prescrivait, demandait aux hommes, pour le Roi, non seulement l'obéissance et l'honneur, mais encore la *Pensée* : « *In cogitatione tuá* Regi ne detrahas. » ECCLES. X. 20.

La Loi nouvelle, perfection de l'ancienne, et spirituelle comme elle était matérielle, prescrit et commande, pour le roi comme pour l'homme, jusqu'à l'amour : « Tel était ce sentiment chez les premiers, dit Grotius, et c'est Tertullien lui-même qui nous le rapporte, qu'ils *Juraient par le Salut du Prince* ». Végèce a conservé la formule du Serment militaire : « Par le Dieu Tout-Puissant, par Jésus-Christ et le Saint Esprit, *par la Majesté im-*

périale, pour laquelle, après Dieu, le genre humain doit avoir de l'amour et du respect » : *Jurabant per Deum, et per Christum, et per Spiritum Sanctum, et per majestatem imperatoris, omnia se facturos quæ præceperit imperator, nec mortem recusaturos pro romanâ republicâ.* »

On alla jusqu'à Jurer, ce qu'on appelait, par les Paroles seules de l'Empereur, ou seulement du général : *Jurare in Verba imperatoris;* d'où l'on a inféré depuis le fait et le proverbe : *Jurer par le Maître; jurare in Verba magistri.*

Mais la *Fidélité* à quel Prince? — celle au bon Prince, au Prince fidèle? Elle est une vertu sans doute, mais... la plus petite, et même la plus équivoque : le beau mérite, que d'aimer qui nous aime! — C'est la *Fidélité* au mauvais Prince, au Prince infidèle, au Prince discordant, *Dyscole*, comme disent saint Paul et la *Vulgate*, qui seule, étant difficile, est la vertu, et même la magnanimité. — Et le Sauveur, qui l'accomplit toute sa vie, l'a déclaré péremptoirement dans son *Sermon sur la Montagne:* « Si vous faites du bien à ceux qui vous en font, qui vous en sait gré? Les pécheurs eux-mêmes et surtout se font du bien : *Et si benefeceritis his qui vobis benefaciunt, quæ vobis est gratia? Siquidem et peccatores hoc faciunt.* » LUC, VI.

Les Chrétiens laissaient à quelques soldats, à quelques Légions insurgées, le serment, non à l'homme, mais à la chose, non à l'empereur, mais au sénat, ou seulement au peuple, comme firent, sous Galba, les légions de la haute Germanie, après avoir mis en pièces les images de leur maître, « de peur, dit Tacite au livre premier de son *Histoire*, de paraître avoir blessé le respect de l'empire : Ne reverentiam imperii exuere viderentur, in S. P. Q. R. obliterata jam nomina, sacramenta advocabant.

Et ce fut dans la décadence de l'empire, et lors de l'invasion des barbares, que les souverains jurèrent au sénat et même à l'armée : « Théodoric, dit Bodin, voulant gagner la faveur du sénat et du peuple romain, suivit l'exemple de Trajan, et leur jura, lui auquel ils juraient : *Ecce Trajani nostri clarum seculis reparamus exemplum* : JURAT VOBIS, *quem juratis*. CASSIODOR.

C'est ici surtout que Bossuet n'a rien laissé à dire, et même à désirer, et qu'il ne faut pas plus redouter pour les autres que pour soi la longueur des plus belles pages de sa *Politique tirée de l'Ecriture Sainte* :

« Le caractère royal est saint et sacré, même dans les princes infidèles. Cyrus est appelé : L'oint du Seigneur (ISAÏ., XLV.). Nabuchodonosor était impie et orgueilleux, jusqu'à vouloir s'égaler à Dieu, et jusqu'à faire mourir ceux qui lui refusaient un culte sacrilége, et néanmoins Daniel lui dit ces mots : Vous êtes le roi des rois ; et le Dieu du ciel vous a donné le royaume, et la puissance, et l'empire, et la gloire........ C'est pourquoi le peuple de Dieu priait pour la vie de Nabuchodonosor (III. ROIS, XIX), de Balthasar et d'Assué-

rus. Achab et Jesabel avaient fait mourir les pro
phètes du Seigneur : Élie s'en plaint à Dieu, mais il
demeure toujours dans l'obéissance (III. REG..
XIX. 1, 10, 14). Les prophètes, durant ce temps,
font des prodiges étonnans pour défendre le roi et
le royaume (III. REG., XX). — Élisée en fit autant
sous Joram, fils d'Achab, aussi impie que son père
(IV. REG., III, VI, VII). — Rien n'a jamais égalé
l'impiété de Manassès, qui pécha et fit pécher Juda
contre Dieu, dont il tâcha d'abolir le culte, per-
sécutant les fidèles serviteurs de Dieu, et faisant
regorger Jérusalem de leur sang (IV. REG., XXI, 2,
3, 16). » Et cependant Isaïe et les saints prophètes
jamais n'ont excité contre lui le moindre tumulte.

« Cette doctrine s'est continuée dans la religion
chrétienne. — C'était sous Tibère, non-seulement
infidèle, mais encore méchant, que notre Seigneur
dit aux Juifs : Rendez à César ce qui est à César.»
(MATTH., XXII, 21.) — Saint Paul appelle à César,
et reconnaît sa puissance. (ACT., XXV, 10, 11, *etc.*;
I. TIM., 11, 12.) — Il fait prier pour les empereurs,
quoique l'empereur qui régnait du temps de cette
ordonnance fût Néron, le plus impie et le plus
méchant de tous les hommes. — Il donne pour
but à cette prière la tranquillité publique, parce
qu'elle demande qu'on vive en paix, même sous
les princes méchans et persécuteurs. — Saint
Pierre et lui commandent aux fidèles d'être soumis aux puissances. Nous avons vu leurs paroles,
et nous avons vu quelles étaient alors les puis-

sances dans lesquelles ces deux saints apôtres faisaient respecter aux fidèles l'ordre de Dieu. (ROM.,
XIII, 5; I. PETR., II, 13, 14, 17, 18.)

« En conséquence de cette doctrine apostolique,
les premiers chrétiens, quoique persécutés durant
trois cents ans, n'ont jamais causé le moindre
mouvement dans l'empire. Nous avons appris leurs
sentimens par Tertullien, et nous les voyons dans
toute la suite de l'histoire ecclésiastique. Ils con-
tinuaient à prier pour les empereurs, même au
milieu des supplices auxquels il les condamnaient
injustement. Courage! dit Tertullien, arrachez, ô
bons juges! arrachez aux chrétiens une âme qui ré-
pand des vœux pour l'empereur.

« Constance, fils de Constantin-le-Grand, quoique protecteur des Ariens et persécuteur de la foi
de Nicée, trouva dans l'église une fidélité inviolable. Julien l'apostat, son successeur, qui rétablit
le paganisme condamné par ses prédécesseurs, n'en
trouva pas les chrétiens moins fidèles, ni moins
zélés pour son service; tant ils savaient distinguer
l'impiété du prince d'avec le caractère sacré de la
majesté souveraine. Tant d'empereurs hérétiques
qui vinrent depuis : un Valens, une Justine, un
Zénon, un Basilique, un Anastase, un Héraclius,
un Constant, quoiqu'ils chassassent de leur siége
les évêques orthodoxes, et même les papes, et
qu'ils remplissent l'Église de carnage et de sang,
ne virent jamais leur autorité attaquée ou affaiblie
par les catholiques.

« Enfin, *durant sept cents ans, on ne voit pas seulement un seul exemple*, où l'on ait désobéi aux empereurs, sous prétexte de religion. Dans le huitième siècle, tout l'empire demeure fidèle à Léon Isaurien, chef des Iconoclastes et persécuteur des fidèles. Sous Constantin Copronyme, son fils, qui succéda à son hérésie et à ses violences aussi bien qu'à sa couronne, les fidèles d'Orient n'opposèrent que la patience à la persécution. Mais dans la chute de l'empire, lorsque les Césars suffisaient à peine à défendre l'Orient, où ils s'étaient renfermés, Rome, abandonnée près de deux cents ans à la fureur des Lombards, et contrainte d'implorer la protection des Français, fut obligée de s'éloigner des empereurs. — *On pâtit longtemps avant que d'en venir à cette extrémité*, et on n'y vint enfin que quand la capitale de l'empire fut regardée par ses empereurs comme un pays exposé en proie, et laissé à l'abandon.

« Quand Dieu voulut délivrer les Israélites de la tyrannie des Pharaons, il ne permit pas qu'ils procédassent par voie de fait contre un roi dont l'inhumanité envers eux était inouïe; ils demandèrent avec respect la liberté de sortir, et d'aller sacrifier à Dieu dans le désert.

« Qu'il soit donc permis au peuple oppressé de recourir au prince par ses magistrats et par les voies légitimes; mais que ce soit toujours avec respect.

« Quand je dis que ces remontrances doivent

être respectueuses, j'entends qu'elles le soient effectivement, et non-seulement en apparence, comme celles de Jéroboam et des dix Tribus, qui dirent à Roboam : « Votre père nous a imposé un joug insupportable ; diminuez un peu un joug si pesant, et nous vous serons fidèles sujets. » (III. REG., XII, 4.)

« Il y avait dans ces remontrances quelque marque extérieure de respect, en ce qu'ils ne demandaient qu'une petite diminution et promettaient d'être fidèles. Mais faire dépendre leur fidélité de la grâce qu'ils demandaient, c'était un commencement de mutinerie. (II. PAR., X, 4.)

« On *ne voit rien de semblable dans les remontrances que les chrétiens persécutés faisaient aux empereurs.* Tout y est soumis, tout y est modeste ; la vérité de Dieu y est dite *avec liberté* ; mais ces discours sont si éloignés des termes séditieux, qu'encore aujourd'hui on ne peut les lire sans se sentir porté à l'obéissance.

« L'impératrice Justine, mère et tutrice de Valentinien II, voulut obliger saint Ambroise à donner une église aux Ariens qu'elle protégeait, dans la ville de Milan, résidence de l'empereur. Tout le peuple se réunit avec son évêque, et, assemblé à l'église, il attendait l'événement de cette affaire. Saint Ambroise ne sortit jamais de la modestie d'un sujet et d'un évêque. Il fit ses remontrances à l'empereur : « Ne croyez pas, lui disait-il, que vous ayez pouvoir d'ôter à Dieu ce qui est à lui. Je ne

puis pas vous donner l'église que vous demandez ;
mais si vous la prenez , je ne dois pas résister. »
(AMBR., *L.* II, *ep.* XIII.) Et encore : « Si l'empereur
veut avoir les biens de l'église, il peut les prendre ;
personne de nous ne s'y oppose · qu'il nous les ôte
s'il veut ; *je ne les donne pas, mais je ne les refuse
pas.* » (AMB., *Orat de Basilicis non tradendis.*)

« L'empereur, ajoutait-il, est dans l'Église, mais
non au-dessus de l'Église. Un bon empereur, loin
de rejeter le secours de l'Église , le recherche.
Nous disons ces choses avec respect ; mais nous
nous sentons obligés de les exposer avec liberté. »
(*Ibid.*) Il contenait le peuple assemblé tellement
dans le respect, qu'il n'échappa jamais une parole
insolente. On priait, on chantait les louanges de
Dieu , on attendait son secours. Voilà une résistance digne d'un chrétien et d'un évêque. Cependant, parce que le peuple était assemblé avec son
pasteur, on disait au palais que ce saint pasteur
aspirait à la tyrannie. Il répondit : « J'ai une *défense, mais dans les prières des pauvres.* Ces aveugles et ces boiteux, ces estropiés et ces vieillards,
sont plus forts que les soldats les plus courageux.
Voilà les forces d'un évêque ; voilà son armée. »
(*Ibid.*) Il avait encore d'autres armes, la patience
et les prières qu'il faisait à Dieu : « Puisqu'on appelle cela une tyrannie, j'ai des armes, disait-il,
j'ai le pouvoir d'offrir mon corps en sacrifice. Nous
avons notre tyrannie et notre puissance. La puissance d'un évêque est sa faiblesse. Je suis fort

quand je suis faible, disait saint Paul. » (AMBR., L. II, *Ep.* XIII)

« En attendant la violence dont l'Église était menacée, le saint évêque était à l'autel, demandant à Dieu avec larmes qu'il n'y eût point de sang répandu, ou du moins, qu'il plût à Dieu de se contenter du sien : « Je commençai, dit-il, à pleurer amèrement en offrant le sacrifice, priant Dieu de nous aider de telle sorte, qu'il n'y eût *point de sang répandu dans* la cause de l'Église; qu'il n'y eût du moins que le mien qui fût versé, non-seulement pour le peuple, mais même pour les impies. » (*Ibid.*)

« Dieu écouta des prières si ardentes : l'Eglise fut victorieuse, et il n'en coûta de sang à personne.

« Peu de temps après, Justine et son fils, presque abandonnés de tout le monde, eurent recours à saint Ambroise, et ne trouvèrent de fidélité, ni de zèle pour leur service, qu'en cet évêque qui s'était opposé à leurs desseins dans la cause de Dieu et de l'Eglise. Voilà ce que peuvent les remontrances respectueuses; voilà ce que peuvent les prières. Ainsi faisait la reine Esther, ayant conçu le dessein de fléchir Assuérus, son mari, après qu'il eût résolu de sacrifier tous les Juifs à la vengeance d'Aman. Elle fit dire à Mardochée : « Assemblez tous les Juifs que vous trouverez à Suze, et priez pour moi. Ne mangez ni ne buvez pendant trois jours et trois nuits; je jeûnerai de même avec mes femmes : après je m'exposerai à perdre la vie, et je parlerai au roi contre la loi, sans attendre qu'il m'appelle. (ESTH., IV, 16.) Quand elle parut devant le roi, les yeux étincelans de ce prince témoignèrent sa colère, mais Dieu se ressouvenant des prières d'Esther et de celles des Juifs, changea la fureur du roi en douceur; et les Juifs furent délivrés à la considération de la reine. » (*Ibid.*, XV, 10, 11, et VIII, IX.)

« Ainsi quand le Prince des apôtres fut arrêté prisonnier par Hérode, « Toute l'Eglise priait pour lui sans relâche; et Dieu envoya son ange pour le délivrer. » (ACT., XII, 5 *et seq.*) Voilà les armes de l'Eglise, des vœux et des prières persévérantes. Saint Paul, prisonnier pour Jésus-Christ, n'a que ce secours et ces armes : « Préparez-moi un logement; car j'espère que Dieu me donnera à vos prières. » (*Ep. ad Philem.*) — En effet, il sortit de prison : « Et il fut délivré de la *gueule du lion.* » (II. TIM., IV, 17.) Il appelle ainsi Néron, l'ennemi non-seulement des chrétiens, mais de tout le genre humain.

« Que si Dieu n'écoute pas les prières de ses fidèles ; si pour éprouver et pour châtier ses enfans, il permet que la persécution s'échauffe contre eux, ils doivent alors se ressouvenir, « Que Jésus-Christ les a envoyés comme des *brebis au milieu des loups.* » (MATTH., X, 16.)

« Voilà une doctrine vraiment sainte, vraiment digne de Jésus-Christ et de ses disciples. »

Je sache cependant un mot supérieur à toutes

les pages religieuses de Bossuet, et même à toutes
les maximes politiques de l'Écriture Sainte, et qui
seul est sans réplique, et peut être présenté à ses
ennemis, et surtout à ses amis. C'est celui de saint
Jean : Voulez-vous n'avoir *rien* à craindre de la
puissance la plus usurpatrice, la plus dyscole, la
plus terrible ? *Faites Bien !...*

Mais il est bon de faire parler ici quelques
grands maîtres de la matière que Bossuet n'a pu
que supposer, et qui sont, on peut le dire, concluans
et sublimes.

Et d'abord Tertullien, dans son *Apologie*, toujours ancienne et toujours nouvelle. Ce n'est, au
fond, qu'une apologie du serment, ou plutôt de la
fidélité rationnelle et pratique des premiers chrétiens : « Nous *demandons à Dieu dans* cet esprit,
qu'il *donne à tous les empereurs* (à tous, remar-
quez, bons ou mauvais, amis ou persécuteurs),
une longue vie, un empire heureux, une famille
tranquille, de courageuses armées, un sénat fidèle,
un peuple juste et obéissant, et que le monde soit
en repos sous son autorité. »

Et ailleurs : « Que dirai-je encore de notre religion et de notre piété pour l'empereur que nous
devons respecter, comme celui que Dieu a choisi ;
en sorte que je puis dire que *César est plus à nous
qu'à vous, puisque c'est notre Dieu qui l'a établi.* »

Et enfin : « Outre les ordres publics, par lesquels nous sommes poursuivis, combien de fois

le peuple nous attaque-t-il à coups de pierres, et met-il le feu dans nos maisons, dans la fureur des bacchanales? Et cependant quelle vengeance recevez-vous de gens si cruellement traités? Ne pourrions-nous pas, avec un peu de flambeaux, mettre le feu dans la ville, si parmi nous il était permis de faire le mal pour le mal?.... Si nous voulions agir en ennemis déclarés, *manquerions-nous de troupes et d'armées?* Les Marcomans et les Parthes même se trouveront-ils en plus grand nombre que nous, qui *remplissons toute la terre?* Il n'y a que peu de temps que nous paraissons dans le monde, et déjà nous remplissons vos villes, vos îles, vos châteaux, vos camps, vos assemblées, les tribus, les décuries, le palais, le sénat, le barreau, la place publique; *nous ne vous laissons que les temples.* A quelle guerre ne serions-nous pas préparés, quand nous serions d'un nombre inégal au vôtre, nous qui endurons si résolument la mort, si ce n'était que notre doctrine nous prescrit plutôt de souffrir la mort que de la donner? »

« Saint Augustin, dit Fénelon, confirme la même doctrine, par l'exemple des anciens chrétiens. Alors la Cité de Dieu, dit-il, quoiqu'elle fût répandue par toute la terre, et qu'elle eût un si grand nombre de peuples à opposer à ses persécuteurs inexorables, n'a *jamais pourtant combattu pour le salut temporel, ou plutôt elle n'a jamais résisté, afin d'acquérir le salut éternel.* On les liait, on les enfermait, on les mettait à la torture, on les brûlait, on les déchirait, on les égorgeait, et tout cela ensemble ne servait qu'à en augmenter le nombre. Ils ne se mettaient point en devoir de combattre pour défendre leur vie, mais ils la méprisaient pour se sauver. »

Les *Faits* sont magnifiques comme les principes. L'exemple le plus célèbre de la patience et de la non-résistance des premiers chrétiens, dit Fénelon, est celui de la Légion Thébaine. Elle était de 6,566 soldats, tous chrétiens. Comme l'Empereur Maximien ordonna à l'armée, près de Martigni, en Savoie, de sacrifier aux faux dieux, les soldats chrétiens prirent d'abord le chemin d'Agaune, en Suisse. L'empereur y envoya un ordre exprès pour les faire venir sacrifier. Ils refusèrent d'obéir : il les fit décimer, et passer la dixième partie par les armes ; ce que les gardes exécutèrent, sans qu'aucun des chrétiens résistât.

« *Rien n'est plus beau ni plus grand* que ce que dit à ses soldats Maurice, premier tribun de cette légion : « Que j'ai eu peur, chers compagnons, que
« quelqu'un de vous, sous prétexte de se défendre,
« ne se mît en état de repousser par la violence
« une mort si heureuse ! J'étais déjà sur le point
« de faire pour vous en empêcher, ce que fit Jésus-
« Christ, notre maître, lorsqu'il commanda de sa
« propre bouche à saint Pierre, de remettre dans
« le fourreau l'Epée qu'il avait à la main, nous ap-
« prenant que la vertu d'abandon et de la confiance
« chrétienne est bien plus puissante que toutes les

« armes, et que personne ne doit s'opposer avec
« des mains mortelles à une entreprise mortelle. »

« Exupère, Enseigne de la légion, tint à peu
près le même discours aux soldats : « Vous me
voyez, braves compagnons, porter l'étendard des
« troupes de la terre ; mais ce n'est pas à ces sortes
« d'armes que je veux avoir recours ; ce n'est pas
« à cette sorte de guerre que je veux animer votre
« courage et votre vertu : vous devez choisir un
« autre genre de combat ; car *vous ne pouvez pas
« aller par ces épées au royaume du ciel.* »

Autres rois ennemis, même obéissance, en tout
ce qui n'était pas contraire à la Foi et à la Morale ;
et surtout lorsqu'il s'agit de la Patrie. — L'empereur Constance II, second fils indigne de Constantin et de Fausta sa seconde femme, persécuteur
de saint Athanase et d'Osius, aussi bien que tyran
et bourreau de Maxence, et qui mourut aussi subitement au Mont-Taurus, la veille de la vengeance
qu'il allait faire de Julien, son compétiteur triom-
phant en Asie. Il était plus cruel et plus dangereux,
au fond, que n'avait été Dioclétien. Hilaire le déclaré : Nunc pugnamus contrà persecutorem fal-
lentem, contrà hostem blandientem..... Christi no-
vus hostis es, antichristum prævenis....

Constance ne s'entend pas moins dire par Lu-
cifer de Cagliari « Non-seulement nous vous devons la soumission, à vous, mais encore à tous
ceux qui sont en dignité, et qui vous représen-
tent : puisque l'Apôtre nous recommande d'obéir

aux princes et aux magistrats : » Quià dicis debere nos tibi obsequia, scito quià non tibi soli, sed et omnibus nos in sublimitate degentibus, in obsequiis repræsentantibus esse novimus debito-res. Dicit enim Apostolus : Admone illos principibus et magistratibus subditos esse, obedientes, ad omne opus bonum paratos esse. — Saint Athanase lui-même, persécuté par Constance, ne cesse de prier pour lui : Religiosissime Princeps, utinàm multis annorum circulis vixeris.... nam certè preces ab omnibus pro tuâ salute fusæ. — Julien (le cousin-germain et le compétiteur heureux ´de Constance), dit saint Ambroise, ne laissait pas d'avoir des soldats chrétiens, tout *apostat* qu'il fût ; et quand il leur disait : Prenez les armes *pour la défense de l'Etat*, ils lui obéissaient sur le champ ; mais quand il leur disait : *C'est contre les Chrétiens*, alors ils reconnaissaient l'Empereur du Ciel. » —Mais c'est surtout saint Augustin qu'il faut admirer dans sa fidélité à Julien : Aliquandò injusti perveniunt ad honores sæculi : cùm pervenerint et facti fuerint *vel judices, vel reges, quià hæc facit Deus propter disciplinam plebis suæ*, non potest fieri nisi ut exhibeatur illis honor debitus potestati... Julianus extitit apostata imperator, iniquus idolola-tra : milites christiani servierunt imperatori infideli. Ubi veniebatur ad causam Christi, non agnoscebant nisi illum qui in cœlo erat. Quandò volebat ut idola colerent et thurificarent, præponebant illi Deum. Si quandò autem dicebat : Producite aciem,

ite contra illam gentem, statim obtemperabant. Dis-
tinguebant Dominum æternum à Domino temporali ; et tamen subditi erant propter Dominum
æternum, etiam Domino temporali. Aug. in ps.
124. — L'impératrice Justine veut forcer Ambroise à céder une Basilique aux Ariens. Le saint
prélat répond que : « il ne le peut, mais qu'il ne lui
est pas permis de combattre ; qu'il a des armes,
mais au nom de Jésus-Christ, en livrant son propre corps. Car nous exerçons aussi une sorte d'empire ; *mais cet empire est celui du sacerdoce, qui est
la faiblesse même* : Tradere basilicam non possum,
sed pugnare non debeo..... Habeo arma, sed in
Christi nomine. Habeo offerendi mei corporis po-
testatem.... Habemus tyrannidem nostram ; tyran-
nis sacerdotalis infirmitas est. Cùm infirmor, tunc
potens sum. Amb. *Epis.* 20. — Le tyran Maxime
accourt à la tête d'une armée venger les violences
que la Princesse exerce contre l'évêque de Milan
et les catholiques. — Ubi Maximus accepit ea quæ
adversùm eximium fidei præconem Ambrosium
Valentinianus fecerat, scribit ad Valentinianum
litteras, ne pietati bellum inferret, ac patriam, re-
ligionem proderet : denique arma minatur, nisi à
proposito discederet ; nec secùs ac, dixerat gessit.
Nam Mediolanum promovit exercitum. Theodor.
l. 5, cap. 14. — Les soldats déclarent à l'impératrice
qu'ils sont prêts à se joindre à Ambroise : Id à mi-
litibus imperatori mandatum dicitur, ut si pro-
dire vellet, se præstò futuros, si viderent eum cum

catholicis convenire : alioquin se ad eum cœtum quem Ambrosius cogeret, transituros. — La circonstance était favorable pour se faire redouter du souverain, et procurer aux catholiques la liberté. Mais Ambroise ne connaît encore d'autres armes que sa douleur ; et il déclare que c'est là toute la force du Pontife, et qu'il ne peut ni ne doit résister autrement :... *Dolere potero, potero flere : adversùs arma, milites, Gothos quoque, lacrymæ meæ arma sunt : talia enim munimenta sunt sacerdotis : aliter nec debeo, nec possum resistere.* Ambr. *Serm. contra Auxent.*

Lorsque les Evêques et les Fidèles sont désolés en Afrique par Huneric et les Vandales, quelles sont leurs armes ? La simple logique. « Lorsque nous vous répondons hardiment sur nôtre foi, leur dit saint Fulgence, ne nous accusez pas de vous manquer de respect,... nous savons que vous êtes revêtu de la dignité royale ; et que nous devons craindre Dieu et honorer les rois, suivant ces paroles de l'Apôtre : Rendez à chacun ce que vous lui devez, craignez celui que vous devez craindre, honorez celui que vous devez honorer... Craignez Dieu et honorez le roi. Ainsi nous rendons le respect et l'obéissance légitime à votre Clémence que Dieu a élevée à la suprême dignité. *Mais combien devons- nous craindre le Roi des rois,* le Roi éternel, le Seigneur des seigneurs, qui nous ordonne d'honorer les rois de la terre ? »... *Competens igitur mansuetudini tuæ deferimus honoris* obsequium, cui regalis apicem culminis divinâ cernimus largitate collatum : nec tamen quemquam sapientem fugit quanto sempiternus ille Rex regum et Dominus dominantium, timore debeat suspici, qui temporales etiam reges præcipit honorari.

Mais il est un souverain, un Tyran, une autorité, un Fidèle auxquels il faut revenir pour démontrer le devoir plus impérieux, plus souverain, plus tyrannique encore, de fidélité, pour ceux qui font profession de christianisme. Le Tyran, c'est Néron; le Fidèle, saint Augustin.

« Saint Augustin, dans sa *Cité de Dieu*, dit le savant Tillemont, propose Néron comme le *modèle achevé* des plus méchans princes, c'est-à-dire de ceux qui aiment la domination et qui méprisent l'honneur, qui ne se soucient ni d'être bons, ni de le paraître; et qui n'étant pas retenus par la crainte de perdre leur réputation, sont capables des plus grands crimes, et de faire ce que les bêtes mêmes ne feraient pas. Mais c'est Dieu, ajoute ce Père, qui fait régner les tyrans comme les Rois; et sa Providence seule leur met entre les mains la puissance souveraine, lorsqu'il juge que les hommes sont dignes d'avoir de tels maîtres (Aussi, afin que les hommes n'eussent JAMAIS de prétexte de violer le respect qu'on lui doit en la personne des Rois, quels qu'ils soient, c'est sous Néron qu'il a fait publier le commandement général d'être soumis aux puissances, de prier pour les Princes, et

les autres choses que nous lisons sur ce sujet dans
les *Épîtres* de saint Paul. »

La Fidélité au Pouvoir (*) portée jusqu'à l'a-
mour :

Telle est la règle, telle est, on peut le dire, l'Ame
du Christianisme. Il ne saurait y avoir d'exception
qu'en apparence, et pour la confirmer : l'exception du Pouvoir qui manque à tout le monde, qui
se manque à lui-même ; — du *Pouvoir* enfin qui *ne
peut* plus, ou qui ne veut plus (ce qui est encore
pire), la protection, le salut du peuple et des individus ; — du Pouvoir suicidé, et... mort.

Il en est deux exemples types, immortels, l'un
de Roi à Roi, l'autre de peuple à peuple : le premier, de Saül à David ; le second, des Antiochus
aux Machabées. Et Bossuet est, encore ici, sans
égal, et sans réplique : — « Mais ce qu'il y a ici de
plus important, c'est que saint Augustin reconnaît, après l'Ecriture, une sainteté inhérente au
caractère royal, qui ne peut être effacée *par aucun crime.* « C'est, dit-il, cette sainteté que David,
injustement poursuivi à mort par Saül, David sacré
lui-même pour lui succéder, a respectée dans un

____

(*) « La *perte d'un ennemi,* disait Christine, Reine de
Suède, est une *perte* plus grande qu'on ne pense. » C'est
surtout vrai du *Roi* le plus ancien, et même du plus nouveau.

prince réprouvé de Dieu, car il savait que *c'était à Dieu seul à faire justice des princes, et que c'est aux hommes à respecter le prince, tant qu'il plaît à Dieu de le conserver.*

« Aussi voyons-nous que Samuel, après avoir déclaré à Saül que Dieu l'avait rejeté, ne laisse pas de l'honorer : « J'ai mal fait, lui dit Saül; mais, je vous prie, portez mon péché, et retournez avec moi pour adorer le Seigneur. Samuel lui répondit : Je n'irai pas avec vous, parce que vous avez rejeté la parole *du Seigneur, et le Seigneur vous a aussi rejeté; il ne veut plus que vous soyez roi.* Samuel se tournait pour se retirer, et Saül le prit par le haut de son *manteau qui se déchira.* Sur quoi Samuel lui dit : Le Seigneur a séparé de vous le royaume d'Israël, et l'a donné à un plus homme de bien. Ce Dieu puissant et victorieux ne s'en dédira pas; car il n'est pas comme un homme, pour se repentir de ses desseins. J'ai péché, répondit Saül; mais honorez-moi devant les sénateurs de mon peuple, et devant tout Israël; et retournez avec moi, afin que j'adore avec vous le Seigneur votre Dieu.

« Alors Samuel suivit Saül, et Saül adora le Seigneur. » (I. REG., XV, 24, 25, 26, 27, 28, 30, 31.)

« On ne peut donc pas déclarer plus clairement à un prince sa réprobation; mais Samuel à la fin se laisse fléchir, et consent à honorer Saül devant les grands et devant le peuple; nous montrant, par cet exemple, que le *bien public ne permet pas qu'on expose le prince au mépris.*

« Roboam traita durement le peuple ; mais la révolte de Jéroboam et des dix tribus qui le suivi·
rent, quoique permise de Dieu en punition des pé-
chés de Salomon, *ne laisse pas d'être détestée dans
toute l'Écriture*, qui déclare : « Qu'en se révoltant
contre la maison de David, ils se révoltaient contre Dieu qui régnait par elle. (II. PARAL.. XIII,
5, 6, 7, 8.) »

Et puis, voyez, si vous en avez le temps ou le besoin, dans Bossuet, avec quelle simplicité, avec
quelle vertu de David, avec quelles volontés ma-
nifestées de Dieu, la translation de pouvoir eut
lieu, et par conséquent la translation d'obéissance.

« ....Il ne faut plus maintenant que considérer
quel était le dessein d'Antiochus. Il ordonna *que
les Juifs quittassent leur loi pour vivre à la mode des
Gentils*, sacrifiant aux mêmes idoles, et renonçant
à leur temple, qu'il fit profaner, jusqu'à y mettre
sur l'autel de Dieu l'idole de Jupiter Olympien.
(I. MACH., I, 43, 46, 47, etc., 57.)— Il ordonna la
peine de mort contre ceux qui désobéiraient.(*Ibid.*,
52.) — Il vint à l'exécution : toute *la Judée regor-
geait du sang* de ses enfans (*Ibid.*, 60, 63, 64, etc.)
—Il assembla toutes ses forces « pour détruire les
Israélites et les restes de Jérusalem, » (II. MACH.,
VI, 8, 9, 10, etc.) « et pour effacer dans la Judée
la mémoire du peuple de Dieu, y établir les étrangers, et leur distribuer par sort toutes les terres. »
(I. MACH., III, 35, 36.) Il avait résolu de vendre
aux Gentils tout ce qui échapperait à la mort, et

les marchands des peuples voisins vinrent en foule avec de l'argent pour les acheter. (*Ibid.*, 41; II. MACH., VIII, 11, 14, 34, 36.)

« Ce fut dans cette déplorable extrémité, que Judas Machabée prit les armes avec ses frères et ce qui restait du peuple juif. Quand ils virent le roi implacable tourner sa puissance « à la ruine totale de la nation, ils se dirent les uns aux autres : Ne laissons pas détruire notre peuple ; combattons pour notre patrie et pour notre religion, qui périrait avec nous. » (I. MACH., 42, 43.)

« Si des sujets ne doivent plus rien à un roi qui abdique la royauté, ou qui abandonne tout-à-fait le gouvernement, que penserons-nous d'un roi qui entreprendrait de verser le sang de tous ses sujets, et qui, las de massacres, en vendrait le reste aux étrangers? Peut-on renoncer plus ouvertement à les avoir pour sujets, ni se déclarer plus hautement, non plus le roi et le père, mais l'ennemi de tout son peuple? C'est ce que fit Antiochus à l'égard de tous les Juifs, qui se virent non-seulement abandonnés, mais exterminés en corps par leur roi : et cela sans avoir fait aucune faute, comme Antiochus lui-même est contraint à la fin de le reconnaître : « Je me souviens des maux que j'ai faits dans Jérusalem, et des *ordres que j'ai donnés sans raison, pour exterminer tous les habitans de la Judée.* » (I. MACH., VI, 12.)

«Mais les Juifs étaient encore en des termes bien plus forts, puisque, selon la constitution de ces temps et de l'ancien peuple, avec eux périssait la Religion, et que c'était y renoncer que de renoncer à leur terre. Ils ne pouvaient donc se laisser ni vendre, ni transporter, ni détruire en corps; et en ce cas la loi de Dieu les obligeait manifestement à la résistance.

« Dieu aussi ne manqua pas de leur déclarer sa volonté, et par des succès miraculeux, et par les ordres exprès que Judas reçut, lorsqu'il vit en esprit le prophète Jérémie « qui lui mettait en main une épée d'or, en prononçant ces paroles : *Recevez cette sainte épée que Dieu vous envoie*, assuré qu'avec elle vous renverserez les ennemis de mon peuple d'Israël. » (II. MACH., XV, 16.)

« C'est à Dieu de choisir les moyens de conserver son peuple. Quand Assuérus, surpris par les artifices d'Aman, voulut exterminer tout le peuple juif, Dieu rompit ce dessein impie, changeant par le moyen de la reine Esther le cœur de ce roi, qu'une malheureuse facilité, plutôt qu'une malice obstinée, avait engagé dans un si grand crime. Mais, pour le superbe Antiochus, qui faisait ouvertement la guerre au Ciel, Dieu voulut l'abattre d'une manière plus haute; et il inspira à ses enfans un courage contre lequel les richesses, la force et la multitude ne furent qu'un secours fragile.

« Dieu leur donna tant de victoires, qu'à la fin les rois de Syrie firent la paix avec eux, et autorisèrent les princes qu'ils avaient choisis, les trai-

tant d'amis et de frères : de sorte que tous les titres de puissance légitime concoururent à les établir » (I. Mach., xi, 24, 25, etc.; xiv, 38, 39, etc.;
xv, 1, 2, etc.)

C'est après cela qu'on s'explique admirablement
toute l'Histoire... Ecclésiastique, et même toute la
civile, dans leurs rapports avec la fidélité et le serment. Les sentinelles les plus avancées de la vérité et du devoir, les Prêtres, les Évêques, les Souverains Pontifes, sont aussi ceux qui se montrent
le plus bénignement et le plus hardiment fidèles :
— bénignement, lorsque le Pouvoir existe incon-
testé; — hardiment, lorsu'il est attaqué.

Il n'est jamais attaqué que par les infidèles.

Et pour ne citer que quelques exemples entre
mille : — Saint Ambroise quitta Milan à l'arrivée
des usurpateurs, Maxime et Eugène ; — Saint
Loup, évêque de Troyes, ne reconnut point Clo-
taire II; — Saint Léger, évêque d'Autun, ne fut
pas ébranlé par l'usurpateur Ebrouin, entrant dans
sa ville épiscopale les armes à la main, etc., etc.
— Et dans nos siècles, l'Archevêque de Cantorbéry répondit à la femme de Guillaume, qui lui
demandait sa Bénédiction : « Quand vous aurez
obtenu celle de votre Père, Madame. »

Lorsque, à quelques années de là, le Président
du Conseil de Castille, le marquis de Mancera, fut
appelé à rendre hommage à l'Archiduc, à Madrid,
il dit : « Je reconnais l'Archiduc pour un grand

Prince, et Philippe **V** pour mon Roi; et je ne le trahirai point à mon âge. » Le vieux Fidèle avait 100 ans….,

Tous les grands publicistes, tous les canonistes sagement Ultramontains, ont dit, et en dernier lieu le savant et logicien Pey, dans le premier volume de son beau traité *De l'Autorité des deux Puissances*, a prouvé que les Souverains Pontifes. les plus Souverains, n'ont jamais agi, dans leurs quelques rares jugemens de Rois, qu'en qualité de Rois; — et reconnus pour tels, et avec cette compétence, par les Rois jugés eux-mêmes! — et dans des cas de tyrannies, tels que les Peuples tout entiers demandaient la délivrance, ou l'avaient opérée déjà.

Et le grand saint Thomas d'Aquin, l'*Ange de l'École*, et l'éternel grand maître, le législateur de la doctrine, dont l'*esprit* de révolution ou seulement de *Corps*, fit, de temps à autre, et en dernier lieu dans le milieu du dix-huitième siècle, une sorte de *démon* de l'insurrection, et même, je crois, du régicide, sous l'hypocrite nom de *tyrannicide*,… a été vengé dans plusieurs opuscules demeurés sans réplique (*).

(*) V. la « *Lettre d'un Théologien;* où il est démontré que l'on calomnie saint Thomas, quand on l'accuse

L'Ordre des Jésuites, dont quelques membres libres, à quelques époques, avaient paru désavouer ou désavoué la doctrine, l'avait acceptée en France par une Déclaration célèbre.

Depuis, et en 1789, les Facultés de théologie de Paris, de Douai, de Louvain, d'Alcala, de Salamanque, de Valladolid, consultées par les Catholiques anglais à la demande de M. Pitt, lorsqu'ils demandèrent l'Emancipation, déclarèrent « qu'elles ne reconnaissaient dans le pape ni dans aucun concile général légitimement tenu, aucun pouvoir, juridiction ou prééminence civile, soit directe, soit indirecte, dans le royaume de la Grande-Bretagne, et que le pape ni aucun concile ne *peuvent absoudre*

---

d'avoir enseigné des principes contraires à l'indépendance des rois ». Avec cette épigraphe : *Rex lœtabitur in Deo, laudabuntur omnesqui jurant in eo : quia obstructum est os loquentium iniqua.* **Ps. 62. 12.** — *«Mémoire Justificatif des sentimens de saint Thomas* sur l'indépendance des souverains, sur l'indissolubilité du serment de leurs sujets, et sur le régicide», Paris, 1762. — « *Du Droit Public selon saint Thomas*, sur l'inviolable fidélité de tous les sujets à leurs souverains ». 1762. — *La doctrine de saint Thomas sur le tyrannicide*, par le comte de Tréville, 1764. — Et surtout : « *La Vérité vengée en faveur de saint Thomas*, par saint Thomas lui-même », attribuée au savant P. Touron.

du Serment les sujets du Roi, ni les dispenser de leur serment d'allégeance. »

Et les Catholiques anglais obtinrent, en conséquence, ce qu'on appelle l'*Emancipation* ,...... qu'O'Connel, continuant, leur ferait reperdre.

Au devoir, à la vertu de la Promesse, de la Foi, du Serment, il ne pouvait y avoir, depuis le Christianisme surtout, qu'une seule exception, que nous venons de supposer : le *dé-Lien*, et, si nous osons le dire, la *dé-Religion*, par le consentement, par la volonté, par l'autorité même de celui qui avait fait le *Lien*, le *re-Lien*, la *Religion* du Serment ; et, dans certains cas, par l'Autorité, évidemment supérieure et décisive, par là même qu'elle est spirituelle, dont l'autre autorité relève.

Un temps, longtemps même, on le conçoit, en matière d'état surtout, cette autorité put et dut être l'autorité de l'Église universelle représentée par son Chef, par la raison toute simple, qu'on ne voit et qu'il n'existe pas d'autorité plus grande et plus éclatante capable d'imposer à qui que ce soit. — Et aussi, les Grands 'Hommes de toutes les religions et de tous les partis l'ont-ils reconnue, et même défendue, ou, en tout cas, tolérée : ..... Bacon (il admirait en particulier Pie V, l'auteur de la *Bulle In cœnâ Domini*), Grotius, Leibnitz, et même Arnauld ; — Bayle et Voltaire ; — Luther et même Calvin ; — et en dernier lieu, Charles Bonnet, Jean de Muller, Ancillon, et même

M. Guizot (*), qui la fait concourir aux progrès de la *Civilisation Européenne*. (V. le *Prêtre devant le Siècle*.)

Il serait encore une exception, si elle ne rentrait point dans celle-là : la *Victoire* (**).

(*) Il faut que ce grand Fait d'histoire soit bien vrai, bien constaté par les explorations de nos jours : il a été reconnu, proclamé en Audience Solennelle de la Cour *suprême*, et par « le plus autorisé, dit M⁰ Dupin, de tous ses premiers présidents », Henrion de Pansey :

« Messieurs, j'ai parlé de Grégoire VII et des Evêques animés de son esprit. *Pour être juste*, je dois dire que leurs *torts* appartenaient bien plus à leur siècle qu'à leur caractère. SI *quelques traits de lumière sillonnaient les ténèbres qui couvraient l'Europe dans le Moyen-Age, on le devait au Clergé.* SEUL il possédait les connaissances que l'on avait alors, et cette supériorité, qui est aussi une puissance, jointe à la puissance *Spirituelle*, lui donnait un pouvoir d'une nature *indéfinissable*, et dont lui-même *peut-être* ne connaissait pas les bornes. » (J'ai souligné les *Naïvetés* du vieux Légiste.)

(**) Celle même du 1ᵉʳ avril 1814 ; car c'est *un Fait* plus têtu que tous les faits, *constaté* seulement par ce qu'on voudra :... le *Décret du Sénat*, l'*Abdication* proprement dite de Bonaparte, ou la *Proclamation* du duc de Raguse du 3 avril 1814, ou sa *Réponse* du 1ᵉʳ *avril* de l'année suivante, toutes choses, toutes *personnes* assez

C'était le cas de l'avénement d'Henri IV, et l'ex-

innocentes, et que Dieu seul, *Cuncta Discussurus*, est en état de juger.

Que dis-je? *Dieu Seul?...* Tout le monde. Je ne sache qu'un fourbe ou un fou, pour nier la sincérité, la vérité et même l'éclat de ces paroles de Marmont : « C'est dans des positions prises à la hâte, où aucune défense n'avait été préparée, et avec 8,000 hommes, que j'ai résisté pendant 8 heures à 45,000 hommes, qui furent successivement engagés contre moi ; et c'est *un fait* d'armes semblable, si honorable pour ceux qui y ont pris part, que l'on ose traiter de trahison!... J'ai servi l'empereur avec constance et dévouement pendant toute ma carrière, et je ne me suis éloigné de lui que pour sauver la France, et lorsqu'*un pas de plus allait la précipiter dans l'abîme qu'il avait ouvert...* Qui jamais paya plus d'exemple dans les souffrances, dans les dangers, dans les privations? Qui montra dans toute sa vie plus de désintéressement (il a vivifié, enrichi toute la Côte-d'Or, et mourra pauvre) que moi? ma vie est pure, et on voudrait l'entacher d'infamie ! »

En somme, si l'histoire n'est pas une calomnie ou une *fable convenue*, elle dira : « Raguse a été ou a paru malheureux. Par une fatalité inouïe, il l'a été à deux reprises, pour avoir *constaté* deux défaites, mais il ne pouvait les *constater que* par deux douleurs, et peut-être par deux héroïsmes. Un homme, et même un roi, ne fait jamais que ce que tout le monde a déjà fait

plication du fait (*) rapporté par Sully dans ses *Mémoires* :

---

autour de lui. Aller au-delà, c'était, selon le monde comme selon Dieu, mourir et faire mourir gratuitement. Le crime du Maréchal,... est d'avoir survécu. Et c'est peut-être, et même probablement, dans le moment où il a semblé *parjure*, qu'il justifiait le mieux le mot de ses Armes : *Patriæ Totus et Ubiquè* : car, *du Ridicule au Sublime, il n'y a qu'un pas,* comme Bonaparte lui-même le disait, lui qui fut bien autrement malheureux, et qui ne fut pas aussi *Fidèle* que Marmont.

(*) La *Gazette de France* qui a cité l'exemple, en a tiré la plus fausse et la plus parjure conséquence : « Ainsi, dit-elle, les sermens, même avec exécration, ne peuvent empêcher les hommes de suivre le mouvement des esprits. Quand la terre tourne, *tout le monde tourne, asser-menté ou non.* En serait-il des personnages politiques (car ces Messieurs *plaisantent...* en matière de Religion) comme des femmes, selon Beaumarchais :

> La plus sage, hélas ! est celle
> Qui se livre à son lien ,
> Sans oser jurer de rien.

« Tout cela n'a pas pour but de prouver que le serment ne soit pas chose *fort respectable;* mais cela prouve qu'*on a grand tort de l'exiger en politique,* car *il gêne les hommes,* et n'empêche pas les choses. »

« *Tout le monde tourne,* oui, mais les uns fidèles, et

« M. de Mayenne, voyant que le sieur de Bélin,
gouverneur de Paris, faisait des pratiques pour
livrer cette ville à Henri IV, le priva de ce gouvernement et, « pour se mieux assurer, voyant que
« M. de Brissac s'était toujours montréet se mon-
« trait plus que jamais des plus échauffés et enve-
« nimés contre la personne et les droits du roi et
« du royaume, il le pourvut de ladite charge et *lui*
« *fit faire des sermens, les plus solennels qu'il lui fut*
« *possible, de lui être loyal, voire même avec des exé-*
« *crations.* Et croyant par ce moyen avoir suffisam-
« ment raffermi son autorité et rassuré ses affaires
« dans Paris, il se résolut de faire un voyage vers
« Soissons, Laon et Lafère, où diverses pratiques
« le conviaient d'aller mettre ordre. Mais il ne fut
« pas plus tôt parti que M. de Brissac, voulant poser

---

les autres parjures. — *On a tort d'exiger* le serment *en
politique :* — Comme si la *politique* n'était pas, de plus
en plus, et aujourd'hui plus que jamais, *toute la vie,*
pour les fonctionnaires, les députés, les pairs, les rois,
les journalistes ! — et la *moitié de la vie* pour ceux qui
ne le sont pas ! — *Le Serment gêne :* — et la Religion, et
le *Sacerdoce* surtout ne sont-ils point (c'est leur mérite
et leur triomphe) une *gêne* perpétuelle ? — Le *Serment
n'empêche pas les choses ?...* Son absence, encore moins.
Il fait, en tout cas, la sécurité de conscience de qui le
prête, et c'est tout, apparemment, pour lui. Le Sage fait
ce que doit, advienne que pourra.

*

« des fondemens solides à ce nouvel établissement
« duquel il se proposait à l'entrée de *former une ré-*
« *publique à l'instar de* celle de Rome, dont il lisait
« souvent l'histoire, n'eut pas plus tôt sondé ceux
« desquels il désirait faire le plus d'état et fait ouver-
« ture des moyens dont il voulait user pour parvenir
« à son but, qu'il reconnut l'impossibilité de son
« dessein. Tous les esprits en étant aliénés et plutôt
« disposés à se rejeter sous l'autorité royale que de
« continuer à vivre dans les incommodités qu'ils
« avaient souffertes, et que s'ils ne trouvaient quel-
« qu'un qui les y portât avec méthode, sûreté et
« utilité, ils s'y précipiteraient confusément et im-
« pétueusement, et peut-être avec la honte et dom-
« mage pour ceux qui s'y voudraient opposer ou
« seulement ne leur y donner aide et assistance.

« Toutes ces considérations le firent résoudre
« à quitter ce chemin plein d'épines et à *prendre*
« *le dessein qu'avait eu le sieur de Bélin* ; de quoi il
« donna soudain avis à son beau-frère, le sieur de
« Saint-Luc, qui ménagea cette bonne disposition
« auprès du roi. L'on en avertit M. de Bélin et ceux
« de son intelligence, afin que s'étant tous les deux
« joints ensemble, l'exécution en fût rendue plus
« facile, comme cela succéda si heureusement, que
« le roi et toutes les troupes qu'il avait destinées
« pour le servir, *entrèrent dans Paris sans meurtre,*
« tuerie ni opposition qui mérite d'en parler. »

Le moment vint où Mayenne lui-même sentait

l'approche de la *Victoire*, et reconnaissait le vrai Roi, à sa façon :

« Nicolas Potier de Novion de Blancménil, président à mortier au parlement de Paris, allait être condamné à mort par les Seize, lorsque Mayenne vint le tirer de la prison. « Monseigneur, lui dit le « magistrat en se jetant à ses pieds, je vous dois « la vie ; mais j'ai encore une plus grande grâce « à vous demander, celle de me permettre de me « retirer auprès de Henri IV, mon souverain légi- « time. Jusqu'au dernier soupir, je vous reconnaî- « trai pour mon bienfaiteur ; mais je ne puis vous « servir comme maître. » — Et Mayenne, de ren- voyer Blancménil à Henri IV.

Dernière exception, enfin, qui n'est pas autre chose qu'une confirmation de la règle., ou plutôt une règle différente.

Et c'est encore Bossuet qui va la proclamer :

« On sait aussi, dit-il, le martyre de cette sainte Légion Thébaine, où tant de braves soldats que l'ennemi avait vus toujours intrépides dans les combats, à l'exemple de saint Maurice qui les com- mandait, tendirent le cou comme des moutons à l'épée du persécuteur. « O Empereur ! disaient-ils, « nous sommes vos soldats, mais nous sommes ser- « viteurs de Dieu : *nous vous devons le service mili-* « *taire ; mais nous lui devons l'innocence :* nous som- « mes prêts à vous obéir comme nous avons toujours « fait, lorsque vous ne nous contraindrez pas de

« l'offenser. Pouvez-vous croire que nous puissions
« vous garder la foi, si nous en manquons à Dieu ?
« *Notre premier Serment a été prêté à Jésus-Christ, et*
« *le second à vous : croirez-vous au second si nous*
« *violons le premier !* »

Or, savez-vous ce que c'est que le *Serment ?* C'est
le Signe, c'est le Drapeau, c'est la Parole, c'est
l'Écriture, c'est la Signature, le Seing, et, en définitive, le *Sang* du *Fidèle* et de la *Fidélité.*

Et les noms du *Serment* et des synonymes du
Serment, en latin comme en français, sont beaux
comme ceux de la Fidélité : —*Juramentum* (de *Jus
mentis* (*); — *Jus-Jurandum* (le *Droit*, le *Double*

(*) Ainsi, le *Droit Divin*, le droit politique, le plus
simple droit, le *Droit civil*, le *Droit romain*, le *Jus*
enfin, est la source, ou plutôt l'effet du *jurement.* C'est
que les *contrats*, les conventions, sont des *Promesses*, et
les promesses des sortes de *Sermens...* En sorte que le
juge et le *juré*, sortes de prêtres et d'*augures* (corrompu
d'*au-jures*) sont les obligés plus particulièrement du serment. Par la même raison, la pire, la plus exécrable et
la plus exécrée de toutes les choses et de toutes les personnes, c'est le *Parjure*, la *Perfidie*, la *Conjuration*,
et tous leurs synonymes ou adhérens : le *niement*, le
reniement, la *trahison*, l'*imprécation*, l'*exécration*, le
Sacrilége, l'*Apostasie*, — et même la simple *infidélité*,
la plus petite *in-jure.*

droit) ; — *Tes-ta-tio* (témoignage, comme *triple*) ;
—*Firmatio, confir-matio* (on dirait volontiers *fir-
ma-mens*, la force, le serment de l'âme, ou comme
Henri IV : « le Serment est mon Firmament : ....
Deus firmamentum meum. PSAL. 70) ; — *Promesse ;*
— et surtout, supérieur à tous les autres : *Serment*
(*Sacra* (**) *Mens*).

Cicéron et tous les classiques latins disent *Sacramentum*, pour *jus-jurandum* (V. l'*Anthologie* latine).

Le *Serment* catholique est un *Sacre*, et même
un *Sacrement*, en effet. C'est la prise même de Dieu
à témoin, et à sanction, de notre promesse aux
hommes, et surtout aux Rois. Selon ces paroles de
la première *Table* connue *de Lois* divines et humai-
nes à la fois, et sanctionnée immédiatement par
une menace de Dieu : « Vous ne prendrez point en
vain le Nom du Seigneur votre Dieu ; car le Seigneur tiendra pour criminel celui qui aura pris en
vain son Nom : *Nec enim habebit insontem Dominus
eum, qui assumpserit Nomen Domini Dei sui frustrà*».

« Dieu EN VAIN tu ne Jureras » :
Quelle force inaperçue il y a dans cette locution :
JURER DIEU!

(**) *Sacer, Sacra* vient lui-même d'*Ara,* autel, ou va
à ce mot, à ce nom d'une chose fondamentale de la Créa-
tion. *Sûreté, assurance, sécurité, certitude;* — *services,
sermo*, et surtout la parole sacrée et sûre du Christianisme, le *Sermon*.

Un Commandement unique est supérieur à celui-là. Le premier Commandement, celui de la Foi à Dieu lui-même. En sorte qu'il n'y a que l'Athée plus coupable que l'assermenté fourbe ou infidèle !

Et Dieu a consacré tout le chapitre V du *Lévitique* à développer les lois de *Pénitence*, de la violation du plus simple serment civil, et puni comme complice du parjure, jusqu'à celui qui a ouï le serment et qui ne l'a pas dénoncé : Si peccaverit anima, et audierit vocem jurantis, testisque fuerit, quòd aut ipse vidit, aut conscius est, nisi indicaverit, *portabit iniquitatem suam. Anima*, quæ juraverit, et *protulerit labiis suis*, ut vel malè quid faceret, vel benè, et idipsum juramento et sermone firmaverit, oblitaque posteà intellexerit delictum suum, agat *pænitentiam pro peccato.*

Mais pourquoi et à qui le *Serment* doit-il être prêté ? pour les plus grandes choses, et aux personnes les plus grandes, apparemment.

Et d'abord, pour la raison, l'ordre et le salut même de la société : le Pouvoir ; — et au Pouvoir personnel, *personnifié* (rien entre les *hommes*, dans la *société*, ne se conçoit sans *Humanité*), et, comme on dit, *entre ses mains.*

Le premier *Serment* qui se conçoit, et qui existe en effet, c'est le Serment de l'homme, c'est-à-dire de l'enfant, à Dieu, ou plutôt à l'Homme du Dieu, que je ne conçois pas, homme que je suis, sans cet homme : le *Baptême.* — Les Sept *Sacremens* ne sont pas autre chose que sept *Sermens.* — Et même tout, dans la Religion, *Foi, Profession de Foi, Confession de Foi, Sacrifice, Testament,* la simple *Prière* (la preuve, *conjurer* est synonyme de supplier) sont des Sermens ; — la *Religion* (de *Re-Ligare, Lier*) tout entière est un immense *Serment.*

Tout se faisant dans l'Église, et dans la vie du Fidèle, *au Nom de Dieu,* on peut dire, il faut dire, à la lettre, que tout se *Jure.*

Le second *Serment,* c'est le Serment Politique, celui-là même qui se viole à présent, et, ce qui est pire, qui se nie. Il en est un assez bel exemple, antique et sacré, que le plus fidèle de tous les écrivains profanes (Jean Racine) a popularisé dans son plus beau Poème (*Athalie*) :

> Jurez donc, avant tout, sur cet auguste Livre,
> A ce roi que le Ciel vous redonne aujourd'hui,
> De vivre, de combattre et de mourir pour lui.
>
> . . . .
>
> Oui, nous jurons ici pour nous, pour tous nos frères,
> De rétablir Joas au trône de ses pères.

Et le simple *Exaudiat* pour le Roi, qui se doit d'autant mieux que le Roi est plus troublé : *Exaudiat te, Dominus in Die tribulationis ;* — la *Prière* d'accorder au roi toutes ses demandes : Impleat Dominus *omnes petitiones* tuas ; — le plus simple *Domine Salvum fac Regem,* sont, encore aujourd'hui, là, pour constater la Sainteté du Serment général fait implicitement au Roi ; — que sont-ils même, sinon des *Sermens ?*...

Dieu, qui avait prescrit le grand Serment, le Serment à Dieu, le Serment au Roi, le prescrit aussi aux citoyens entre eux. Celui qui sera accusé d'avoir fait un tort à son prochain fera *Serment* en public que non, et tout sera dit : *Jusjurandum erit in medio*; et Dieu acceptera son Serment : *Suscipietque Dominus Juramentum*. EXOD. XXII, 11.

Et cette sorte de Serment n'était pas seulement prescrite dans la loi, elle était encore inhérente aux mœurs. Le *Livre* de *Josué*, IX, et celui des *Rois*, II, 21, en offrent un magnifique exemple, car il est d'ennemi à ennemi, d'ennemi sage à ennemi trompeur, et il n'en fut pas moins considéré et tenu comme sacré :—«Cependant ils ne les tuèrent point, parce que les princes du peuple avaient *juré l'alliance* avec eux au nom du Seigneur, le Dieu d'Israël. Mais tout le peuple murmura contre les princes ; — et les princes leur répondirent : *Nous leur avons Juré* au nom du Seigneur, le Dieu d'Israël. Ainsi nous ne leur pouvons faire aucun mal: Juravimus illis in Nomine Domini Dei Israël, et idcirco non possumus eos contingere. — Mais voici comment nous les traiterons: Ils auront, à la vérité, la vie sauve, *de peur que la colère du Seigneur ne s'élève contre nous, si nous nous parjurons :* Nec contra nos *Ira Domini* concitetur, si pejeraveri-

mus... Mais, pour cela vous serez sous la malédiction. »

Les Cas et la Forme du Serment proprement dit,
on le sent, sont essentiellement proportionnés à
sa nature, à sa gravité, à ses conséquences privées,
politiques ou religieuses. Les petits engagemens de
la vie sont , au plus, dignes de la *parole d'honneur*,
petite et vaine comme eux (*).

Et d'abord le Serment n'est pas seulement une
faculté, c'est un Précepte, un Devoir, un Com-

(*) Et les Payens eux-mêmes le disent très-bien : —
Épictète : « Jusjurandum refuge, si possis, prorsùs : *sin
minùs*, cùm licet. Cùm enim jusjurandum Deum citet tes-
tem eorum quæ dicuntur; parùm pium et *religiosum* vi-
detur esse, divinum numen advocare ob *res humanas,
quarum plurimæ parvæ vilesque sunt.* » — Quintilien,
simple orateur : Jurare, nisi ubi necesse est, gravi viro
parum convenit.

Mais surtout Pythagore et Hiéroclès :

Jusjurandum optimè coles, si eo nec frequenter utaris,
nec temerè : sed *in rebus tantùm necessariis, aut gra-
vissimis adhibeas.* Invenient autem juramenta tua fidem
apud eos qui audient, si ita vixeris, ut iis persuasum sit,
nihil tibi sive jurato sive injurato videri veritate sanctius
in rebus mortalium.

Jurandi consuetudine in perjurium facilè prolabimur.
Contrà, cum parcè juratur, *sanctè juratur.*

mandement : « Vous craindrez le Seigneur votr
Dieu ; vous ne servirez que Lui Seul, et vous Jure
rez par son Nom : *Dominum Deum tuum timebis, e
illi Soli servies,* ac PER NOMEN ILLIUS JURABIS
DEUTER. , VI, 13.

Les trois sortes de *Sermens*, religieux, politique
civil, étant éminemment naturels, sociaux, bien
faisans, salutaires, sont éminemment favorables
Ils supposent, ce qui est, ce qu'on ne saurait élu
der, la présence, la crainte, l'amour perpétuels d
Dieu ; et, ce qui est encore mieux, en un sens
et politiquement parlant, la crainte, l'honneur e
l'amour des hommes entre eux. — La répétition, l
nombre des Sermens est plus naturel, plus néces
saire que le Serment lui-même. La journée, la vi
du Chrétien, la vie du *Fidèle*, doit être, et elle es
une sorte de Serment quotidien perpétuel. La fré
quence des promesses de fidélité est la condition
l'effet et la cause de la *Fréquence* des *Communions*
et si celle-ci est presque de dogme, à force d'êtr
de morale et même de logique, l'autre aussi l'est..
...Mes lecteurs, et surtout mes ennemis, pré
tendus *fidèles*, je le sais, *riront*, grinceront mêm
ici les dents ; et ce sera la plus grande preuve d
ma vérité, de ma fidélité, de leur parjure, et d
Rire même de Dieu... contre eux, (car Dieu rit)
Dominus irridebit (Ps. 36, 13), et on ne rit pas d
lui : *Deus non irridetur*, AD GAL. VI)... *Væ vobis qu*

ridelis ! dit le Sauveur lui-même sur la Montagne.
Luc, vi.

La seule chose à laquelle il faille prendre garde, et devant laquelle il faille trembler, c'est la fausseté ou l'hypocrisie du Serment prêté ou renouvelé; — le seul soin qu'il faille avoir, c'est de ne pas *Jurer* à tout propos, à propos de rien, lors surtout que l'homme de Dieu ou du roi, ou, si vous le voulez, la loi, ne l'exige point. — Mais du moment que l'autorité ou la loi, du moment surtout qu'une Personne, quelle qu'elle soit, le demande, même sans motifs, il faut *prendre Dieu à Témoin*, sous peine de nier. ou, ce qui est pire, de paraître nier Dieu lui-même.

Pour ma part, j'aimerais d'autant plus la loi, le pouvoir, et même l'homme, qu'ils me fourniraient plus, et plus solennellement, l'occasion, l'honneur et le bonheur de proclamer, de *Professer* Dieu.

Qu'il y a loin de là aux doctrines et aux actions courantes !

Les grands Prophètes, et surtout Jérémie, qui avaient mission de signaler la corruption des individus et des peuples, et de leur prêcher la pénitence, commençaient par prescrire le Serment : « Israël, si vous revenez à moi, dit le Seigneur, si vous ôtez de devant ma face *les sujets de vos chutes*, vous ne serez point ébranlé. VOUS JUGEREZ DANS LA VÉRITÉ, DANS L'ÉQUITÉ, DANS LA JUSTICE, en disant : Vive le Seigneur !

« Si reverteris, Israël, ait Dominus, ad me con-
vertere : si abstuleris offendicula tua à facie meâ,
non commoveberis. *Et jurabis*: *Vivit Dominus, in
veritate, et in judicio, et in justitiâ :* et benedicent
eum Gentes, ipsumque laudabunt.

Les paroles de l'Esprit Saint sont d'autant plus
frappantes qu'on les examine davantage. Elles
mettent trois conditions au Serment : I. Qu'il soit
vrai, ou qu'on le prête *Sincèrement ;* II. Qu'il ait
pour objet une chose *Juste*, c'est-à-dire un *Devoir* ; III. Qu'il soit fait en *Jugement*, c'est-à-dire
devant le Magistrat, et, à plus forte raison, devant
le plus grand Magistrat : le Roi...

Et, à quelque temps de là, le même Prophète,
dans le lieu même où il admire la prospérité des
impies (*Quare via impiorum prosperatur? benè est
omnibus qui iniquè agunt?...*), et l'hypocrisie ou la
négligence des faux Pasteurs, qui détruisent la vi-
gne du Seigneur (*Pastores multi demoliti sunt vi-
neam meam*) , signale, pour les glorifier, les Sermens véritables, et les faux, ceux faits à Baal, pour
les flétrir, dans ces paroles éclatantes, où il les
considère comme la cause du Salut ou de la ruine
des Empires : Et erit : si eruditi didicerint vias
populi mei, *ut jurent in nomine meo, Vivit Dominus, sicut docuerunt populum meum jurare in Baal :*
ædificabuntur in medio populi mei. Quòd si non
audierint, *evellam gentem illam* evulsione et perdi-
tione, ait Dominus. Jerem. XII.

Seulement, on le conçoit, le Serment doit être

d'autant moins nécessaire que les hommes sont plus près des Dieux ; et c'est ce que Platon a supérieurement senti dans le plus beau siècle selon le monde, et le pire selon les dieux de la Grèce : Olim, *cùm hominibus Deorum cura et reverentia esset, jurejurando in singulis causis à litigantibus requisito*, res citò simul et *tutò* dijudicabantur; nunc verò, *quoniàm pessimi homines, quorum magna multitudo est*, Deos res humanas curare non credunt, etc. *Repub.* XII.

Il faut que le *Serment* soit une bien grande chose ! Dieu lui-même l'a prêté à l'homme ; et, dans la tradition de tous les peuples, le plus magnifique des Signes du monde, après le Soleil, signe de Dieu , l'Arc-en-Ciel aux *Trois couleurs* de la France nouvelle, est le signe des Sermens du Créateur à la créature humaine.....

Et, ce que Dieu surtout promet, Jure à l'homme, comme pour montrer la relation intime qu'il y a entre le Serment et la générosité, c'est sa Miséricorde : *Et Misericordiam quam Juravit patribus.* DEUTERON. VII, 12.

(Il jure aussi sa Justice, et jusque sa Vengeance : *quibus Juravi in irâ meâ*, si introïbunt in requiem meum. Ps. 94, adopté dans l'Office du jour de Pâques)...

Et Dieu qui prête le Serment, le continue incessamment, Lui.

L'impie, l'athée, l'ennemi-né de Dieu, lui aussi,

Jure. Nabuchodonosor, voulant se faire déclarer Dieu par les Nations, et apprenant leur refus, entra dans une grande colère, et Jura par son trône et par son royaume qu'il se vengerait des Nations : *Tunc indignatus Nabuchodonosor adversùs omnem terram, juravit per thronum et regnum suum,* etc. JUDITH. 1ᵉʳ.

Mais c'est dans l'Histoire générale du Serment et du parjure, que nous allons voir confirmer, démontrer, osons le dire, le plus souvent par des faits ou des argumens *ad hominem*, toutes les vérités consolantes et terribles que nous venons de laisser entendre.

Les plus anciens monumens après la *Genèse*, les *Vers dorés* de Pythagore et la *Théogonie* d'Hésiode, expliquent supérieurement la grandeur, la divinité du Serment et son histoire... Pythagore, qui faisait de la Fidélité au Serment la seconde de ses Lois (Honorez les Dieux, et *respectez le Serment*), disait : « Nous jurons par celui qui a doté notre ame du Quaternaire Principe de la nature Eternelle. « Il voyait Dieu Assermenté, comme « l'Écriture-Sainte nous le révèle : L'Être souve- « rain (dit-il), ayant voulu tirer les hommes du « néant, *se promit à Lui-même* (*) de conserver le

---

(*) Le *Père* des Dieux (car les anciens, comme nous, avaient un Dieu-*Père*, des Dieux-*Fils*, et même des Dieux-*Esprits*), le Père, le *Premier* des Dieux prêtait le

« monde dans un ordre certain, et par des règles
« qu'il conçut à l'instant. »

« La discorde, dit Hésiode, fille de la Nuit, en-
fanta les pénibles travaux, les querelles, les paroles
captieuses, les discours ambigus, le mensonge, et
enfin le Serment » : c'est-à-dire le remède au mal,
dont le mal est la cause.

Le savant du paganisme qui connut le mieux les
deux histoires grecque et romaine, Denys d'Halicarnasse, disait au dernier siècle de l'ère ancienne :
« La dernière pensée admise par les hommes en so-

Premier Serment : « Jupiter, dit Hésiode, après avoir
puni les Titans, les premiers parjures, établit, pour lien
sacré des promesses des Dieux secondaires, la nymphe du
Styx qui s'était trouvée la première fidèle. — « En *jurant par le Styx*, dit Homère, il fallait que les Dieux
eussent une main étendue sur la terre, et l'autre sur la
mer ».

Je ne sache rien de délicieux, à prouver l'histoire,
comme la mythologie, c'est-à-dire les *légendes* du paganisme : « Si quelqu'un des Dieux, ajoute Hésiode, suivant
la fiction des poètes, prenait en vain le nom du Styx, il
lui était défendu pendant une année entière de goûter
l'Ambroisie et le Nectar ; on l'attachait étendu sur un lit,
où il ne pouvait ni souffler ni parler, et tombait dans un
assoupissement léthargique. Outre cela, il était banni pendant neuf ans de la compagnie des Dieux, n'assistait point
à leurs assemblées ni à leurs repas. »

ciété, Grecs ou Barbares (*) et que le temps n'effacera jamais, est le Serment, où l'on met les Dieux cautions et « même parties au contrat. » — « Celui qui jurait chez les Grecs était obligé à deux choses : la première de parler comme il pense, ce que Chrysippe appelait *jurer dans la vérité*; l'autre de faire comme il parle, ce qu'il appelle *jurer Saintement et Religieusement.* »

Les Perses et les Mèdes juraient, et jurent encore communément, par le Soleil.

Chez les Grecs, même dégénérés (**), les plus grands hommes étaient le plus liés par le serment.

(*) Le Serment, et ses formules, qui sont autant de sermens accessoires et réitérés, se sont trouvés et retrouvés dans les Indes, et dans le Nouveau-Monde comme dans l'Ancien. — Les Siamois, qui renouvellent tous les ans, au palais de l'Empereur, leur Serment de Fidélité, prennent à témoin *les Grands Dieux des Cieux*, et ceux des soixante-six provinces de l'Empire; et se tirent *des gouttes de sang* dans leurs grands Sermens particuliers. — Les Japonais signent les leurs avec une encre de leur sang. — Les Seigneurs et les fonctionnaires du Tonquin boivent d'une liqueur ensanglantée pour jurer au Souverain. — Les Tartares de Sibérie s'élèvent au faîte de leur Mont-Sacré, très-élevé, près le lac Baïkal, pour prêter leurs Sermens plus près des Dieux.

(**) Les autres étaient, avec les Carthaginois, les grands

C'est, au rapport de Plutarque, Périclès, le *Louis XIV de la Grèce*, qui, pressé par un ami de manquer seulement à sa parole : *Hoc est perjurium, inquit, se quidem amicum esse, sed usquè ad aras.* — Alexandre, insulté par les habitans de Lampsaque, marchait vers cette ville pour la détruire; Anaximène, député par les citoyens, vint pour implorer la clémence du vainqueur : « Je jure (s'écrie Alexandre dans le feu de la colère) que je ne vous accorderai point ce que vous allez me demander. — Ce que je vous demande, repart Anaximène,

---

Menteurs des anciens (*Græcia mendax*, dit Juvénal), et par conséquent des parjures.

« Polybe nous dit que, de son temps, les Sermens ne pouvaient donner de la confiance pour un Grec, au lieu qu'un Romain en était pour ainsi dire enchaîné. « Si « vous prêtez aux Grecs un talent avec dix promesses, dix « cautions, autant de témoins, il est impossible qu'ils « gardent leur foi : mais parmi les Romains, soit qu'on « doive rendre compte des deniers publics ou de ceux des « particuliers, on est fidèle à cause du Serment que l'on a « fait. On a donc sagement établi la crainte des enfers ; et « c'est sans raison qu'on la combat aujourd'hui ». (Montesquieu, *Grandeur des Romains.*)—Les *Grecs* juraient *per fontes, amnesque fluentes, Græcis sanctissimum jusjurandum fuit* (Alexander, l. v, chap. 10.); et leurs Sermens étaient fugitifs avec l'eau, comme les nôtres avec les chartes fugitives !

« c'est que vous détruisiez Lampsaque. » Ce mot arrêta la fougue du héros, et sauva la ville (PAUSANIAS, liv. VI). — A la première représentation de la *Phèdre* d'Euripide, quand Hippolyte, saisi d'horreur en apprenant la passion incestueuse de Phèdre, s'écrie qu'il ne se taira point, malgré le *Serment* que la nourrice de la reine avait exigé de lui avant de découvrir le fatal secret, et que rien ne lui fera tenir son serment affreux, les Athéniens se récrièrent. On parla d'arrêter le poète et de le poursuivre juridiquement, comme coupable d'impiété. (CICÉR., *De Offic.*).

Le théâtre des Grecs ferait rougir le nôtre.

Il y avait en Grèce une *Loi* plus belle que les *mœurs :* Les jeunes Athéniens parvenus à vingt ans se consacraient à la patrie, et juraient le serment qui suit dans le temple d'Agraule, fille de Cécrops, déifiée pour son dévouement au salut de la patrie : « Je ne déshonorerai point la profession des armes, et ne sauverai jamais ma vie par une fuite hon·teuse. Je combattrai jusqu'au dernier soupir pour les intérêts de la religion et de l'État, avec les autres citoyens, seul s'il le faut. Je ne contribuerai jamais à rendre ma patrie malheureuse ; je contribuerai de tout mon pouvoir à la rendre florissante. Je serai soumis aux magistrats et aux lois. Si quelqu'un tente de les violer, je ne cacherai point cet attentat ; je m'y opposerai autant que je le pourrai, avec les autres citoyens, seul s'il le faut. Enfin, je demeurerai toujours constamment attaché

à la foi de mes pères. J'en prends à témoin Agraule,
Enyalius, Mars et Jupiter. »

Plutarque, le plus exact des historiens , fait remonter jusqu'à *Numa* la *Divinité* du Serment romain , qu'il considère, et Montesquieu après lui,
comme la cause de la grandeur romaine : *Numa
maximum Jusjurandum Romanis statuit fidem.* Il
plaça le Serment et les Contrats sous la garde de la
Déesse nommée la Foi, *Fi-des* (de *Foi à Dieu*) , et
même d'un Dieu nommé *Fidius*. Leur vêtement
était un voile blanc, symbole de la pureté. Un
marbre antique, dont parle Massieu (*), en donne
l'idée. Il représente d'une part un homme vêtu à
la romaine, près duquel est écrit *Honor;* et de l'autre une femme couronnée de laurier, avec cette in-
scription : *Veritas*. Ces deux figures se touchent
dans la main. Au milieu on voit un jeune garçon
fort beau , au-dessus duquel on lit ces mots, *Deus
Fidius*, que les savans de l'Académie des inscrip-
tions traduisent : *Dius Fidius,* c'est-à-dire : *Jovis
filius.*

Ovide nous apprend, dans ses *Fastes*, que le dieu
Fidius avait plusieurs noms ou surnoms qui tous

(*) La Loi des *Douze Tables* exprime laconiquement
et supérieurement le *lien*, la *loi* de la plus simple parole :
Uti lingua nuncupassit, ita lex esto : selon que la langue a parlé, qu'ainsi il soit en Loi.

montrent sa source et sa grandeur : *Semi-Pater*, *Sancus*, *Sanctus*, etc. Il avait, à Rome, trois temples plus révérés et plus célèbres : l'un dans la 13ᵉ région de la ville ; un second appelé *Ædes Dii Fidii sponsoris*, garant des promesses ; un troisième sur le mont Quirinal, où sa fête se célébrait le 5 juin. C'est par lui qu'on jurait en disant : *Me Dius Fidius*, sous-entendu *adjuvet*. La *Foi*, la *Fides* (foi aux dieux), enfin, était comme le Dieu auquel se réduisaient tous les dieux.

La *Foi* fut placée, tout d'abord, dans le Capitole, tout proche du plus grand des Jupiter, où elle était encore, au siècle d'Auguste et de Cicéron, qui la célébra surtout dans son *Traité des Devoirs*.. Il paraît même que cette déesse, qui devait présider aux progrès, aux victoires et à la grandeur de la Ville Éternelle, finit par couronner les temples de tous les autres Dieux, comme à présent la Croix et le Christ de nos Eglises. — Et voilà sans doute pourquoi Ennius, le premier, le plus théologien et le plus historien des poètes , nomme la Foi *apta pinnis*, dans le beau vers où il la définit « le Serment même de Jupiter, *Jusjurandum Jovis.* » — La *Foi*, à laquelle le serment se faisait, avait jusqu'à son jour de fête dans le calendrier de *Numa*, qui semble avoir reçu ou pris son nom de la divinité : *Simul Fidei solemne instituit.* TIT. LIV.

Tout avocat et tribun qu'il était, Cicéron suppose ou dit tout cela, et définit le Serment dans des

termes sublimes : « In jurejurando, non qui metus,
sed quæ vis sit, debet intelligi. Est enim *jusjurandum affirmatio religiosa.* Quod autem affirmatè, *quasi Deo teste*, promiseris, id tenendum
est. Jàm enim *non ad iram Deorum, quæ nulla est,
sed adjustitiam*, et ad fidem pertinet. Nam præclarè
Ennius,

O Fides alma, apta pinnis, et Jusjurandum Iovis?

Qui igitur jusjurandum violat, is fidem violat :
quam in *Capitolio vicinam Jovis Optimi Maximi*
(ut in Catonis oratione est) majores nostri esse voluerunt. »

Le *non ad iram Deorum, quæ nulla est,* surtout,
est ici plein de sens et de philosophie ; il est presque *Biblique.* Un écolier de quatrième de l'Université eût traduit ces mots par la menace de la *Colère
des Dieux*, en temps et lieux, et la menace de la
colère des juges par provision. Croirait-on..., que
dis-je? on croira facilement qu'un avocat pur et
simple de nos jours a traduit ces belles paroles, et
cette belle pensée par un... contre-sens (*). Toutes
les sortes d'*infidélités* s'appellent. M. Dupin, qui a.

(*) « Une promesse, faite en quelque sorte sous la garantie des dieux, doit être gardée *non par crainte de leur
courroux*, mais en songeant à la justice et à la bonne foi. »
(V. le *Moniteur.*)

lui aussi, prêté plusieurs sermens, plaidant hier encore à la Cour de Cassation contre le *fidèle* Defontaine, a traduit le *non ad iram Deorum, sed ad fidem*, par la *non crainte* de la colère des Dieux, par le *songe à la justice* seulement... *Songe*, en effet !

Quoi qu'il en soit, et au fond, c'était, directement ou indirectement, par le plus grand, le père des Dieux, que le *Jusjurandum*, le *Sacramentum* se faisait, comme *tout* le reste. « Jupiter, dit le savant rapporteur de l'*Histoire véritable des temps fabuleux* (Noël), Jupiter présidait aux sermens, ce qui lui avait fait donner le surnom de *Jupiter aux Sermens*. »

Chose mémorable ! Dans l'Éternelle Ville, dont la base devait être un jour la *Pierre* de l'Angle ! le premier et le plus sacré des sermens se faisait par Jupiter Pierre : *per Jovem Lapidem*.

Cicéron explique toute l'histoire , toute la grandeur romaine par le Serment (*), dont il voit le

---

(*) La simple loyauté, chez les Romains, faisait *office de serment*. « Comme Pompée traitait Antoine dans son vaisseau de guerre, un Corsaire lui vint dire à l'oreille : «Si vous me voulez commander de couper les cordages des ancres, vous serez le maître de tout l'Empire Romain. » Pompée lui repartit : «Tu le devais faire sans attendre mes ordres; mais contentons-nous de ce que nous

principe dans les *Lois des Douze Tables*, dans les *Livres sacrés*, dans les *Traités*, dans les réprimandes des *Censeurs* : « Itaque ista laus non est hominis, sed temporum. *Nullum enim vinculum ad adstringendam fidem jurejurando majores arctius esse voluerunt.* Id indicant leges in Duodecim Tabulis ; indicant sacra ; indicant fœdera, quibus etiam cum hoste devincitur fides : indicant notiones, animadversionesque censorum , qui nullâ de re diligentiùs, quàm de jurejurando, judicabant. »

Tite-Live, l'historien de la grandeur romaine, comme Cicéron en est l'orateur, l'attribue aussi à la force de la Foi : *Eâ pietate omnium pectora imbuerat, ut fides ac jusjurandum pro summo legum ac pœnarum metu civitatem regerent.* » LIV. VII.

Au temps de la décadence de Rome (*), et jus-

---

possédons: car pour moi je n'ai point coutume de fausser ma foi, ni de faire une trahison» (PLUTARQUE, *Vie d'Antoine.*)—« Auguste ayant fait publier à son de trompe qu'il donnerait vingt-cinq mille écus à celui qui prendrait Crocotas, chef de voleurs en Espagne : et le Voleur se présentant à l'Empereur, et lui demandant la somme promise, le Prince la lui fit payer, et lui donna encore sa grâce: afin qu'on ne pensât point qu'il lui voulût ôter la vie pour le frustrer du salaire promis, et que la foi et la sûreté publique fût gardée à celui qui venait en justice.»

(*) Les Romains, et jusqu'aux Juifs dégénérés, portaient quelquefois le respect du Serment, et même de la

que dans leur *Bas-Empire*, les moins mauvais empereurs le considéraient encore et l'employaient comme le dernier frein des vainqueurs vaincus de l'ancien monde ; et Pline fait honneur à Trajan d'en faire la loi de l'administration et de la magistrature de son règne : *Tantùm putat esse in jurejurando, ut illud et ab aliis exigat.*

Celui des historiens et des publicistes modernes

Promesse, jusqu'au crime le plus grand :... **Hérode**, par exemple, lorsque double adultère, et incestueux par surcroît, il promit à *Salomé*, la fille d'*Hérodiade*, qui venait de le charmer dans un bal, et lui promit de lui offrir dans un plat, comme pour la dévorer, la tête sacrée de saint Jean-Baptiste, qui avait osé lui dire : Il ne vous est pas permis de garder l'épouse de votre frère : Die autem natalis Herodis saltavit filia Herodiadis in medio, et placuit Herodi. — Undè *cum juramento* pollicitus est ei dare *quodcumque* postulasset ab eo. At illa præmonita à matre suâ : Da mihi, inquit, hîc in disco, caput Joannis-Baptistæ. *Et contristatus est rex : propter juramentum autem*, et eos qui pariter recumbebant, jussit dari. **Matth. xiv.**

David qui avait *juré*, lui aussi, de détruire la Maison de Nabal,... *jura* bientôt qu'il abandonnerait à Dieu le soin de le venger, et Dieu ne lui fit pas défaut (V. tout l'admirable chap. 25 du premier livre des *Rois*) :

Le Parjure est Vertu, quand le Serment fut Crime.

qui étudia le plus les Grecs et les Romains après Bossuet, Montesquieu, est aussi celui qui fut le plus frappé de leur plus ou moins de Fidélité à la loi du Serment : « Quand un peuple a de bonnes mœurs, les lois deviennent simples. Platon dit que Rhadamante, qui gouvernait un peuple extrêmement religieux, *expédiait tous les procès avec célérité*, déférant seulement le serment sur chaque chef. Mais, dit le même Platon, quand un peuple n'est pas religieux, on ne peut faire usage du serment que dans les occasions où celui qui jure est sans intérêt, comme un juge et des témoins. »

Et dans un chapitre *ad hoc* intitulé : *Effet du Serment chez un peuple vertueux :* « Il n'y a point eu de peuple, dit Tite-Live, où la dissolution se soit plus tard introduite que chez les Romains, et où la modération et la pauvreté aient été plus longtemps honorées. Le *Serment* eut tant de force chez le peuple, que *rien* ne l'attacha plus aux lois. Il fit bien des fois, pour l'observer, ce qu'il n'aurait jamais fait pour la gloire ni pour la patrie. *Quintius Cincinnatus*, consul, ayant voulu lever une armée dans la ville contre les Eques et les Volsques, les tribuns s'y opposèrent. « Eh bien ! dit-il, que tous ceux qui ont fait serment au consul de l'année précédente marchent sous mes enseignes. » En vain les tribuns s'écrièrent-ils qu'on n'était plus lié par ce serment; que, quand on l'avait fait, Quintius était un homme privé : le peuple fut plus religieux que ceux qui se mêlaient de le conduire ; il n'écouta ni les distinctions ni les interprétations des tribuns. Lorsque le même peuple voulut se retirer sur le Mont-Sacré, il se sentit retenir par le serment qu'il avait fait aux consuls de les suivre à la guerre. Il forma le dessein de les tuer : on lui fit entendre que le serment n'en subsisterait pas moins. On peut juger de l'idée qu'il avait de la violation du serment, par le crime qu'il voulait commettre. Après la bataille de Cannes, le peuple effrayé voulut se retirer en Sicile; Scipion lui fit jurer qu'il resterait à Rome : la crainte de violer leur serment surmonta toute autre crainte. Rome était un *vaisseau tenu par deux ancres dans la tempête : la religion et les mœurs.* »

Une *Rome* nouvelle, préparée à plus d'un égard par l'ancienne, allait bientôt se trouver un bien autre *Vaisseau, tenu par deux* bien autres *Ancres,* dans une bien autre *Tempête : la Religion et les Mœurs* par excellence.

Le Sauveur dit bien à ses Disciples : « Et moi, je vous dis de ne jurer en aucune façon.... » — Entendons-nous, et entendons le Sauveur :

C'est-à-dire : Vous devez être si naturellement fidèles, entre vous, vous fier tant l'un à l'autre, que nul d'entre vous ne songe à révoquer en doute la bonne foi d'un autre. Mais, si on vous demande, si on désire seulement votre serment pour établir votre loyauté, prêtez-le, sous peine de faire défaut à la piété et à la charité à la fois. — Saint Jacques dit très-bien en ce sens : « Ne jurez pas, afin de ne pas tomber *en hypocrisie,* et de ne point passer pour trompeurs. »—« C'est le sens, dit Grotius, que les Septante donnent au mot hypocrisie. »

C'était déjà le mot des meilleurs chez les anciens : « Soyez si homme de bien, dit Solon, qu'on se fie plus à votre probité qu'à votre serment. »

Le Christianisme, qui, en toutes choses, ne venait pas détruire, mais confirmer, sanctionner, faciliter, accomplir la loi et le devoir, loin d'abolir le Serment, l'érigea, il faut le dire, en sacrement, et alla jusqu'à en faire l'une des deux bases de la société et du monde. Et saint Paul exprime cela supérieurement, dans son *Épître* à ceux-là même qui venaient de violer leurs sermens religieux, politiques, civils, avec le plus d'ingratitude, les *Hébreux,* les Juifs, la plupart *Judas :*—Homines enim per majorem suî jurant; et *omnis controversiæ eorum finis,* ad confirmationem, est juramentum.— *In quo abundantiùs volens Deus* ostendere pollicitationis hæredibus immobilitatem consilii sui, interposuit jusjurandum : — *ut per duas res immobiles,* quibus impossibile est mentiri Deum, *fortissimum solatium habeamus,* qui confugimus ad tenendam propositam spem, — quam sicut anchoram habemus animæ tutam ac firmam, et incedentem usque ad interiora velaminis. » Hébr., vi, 16-19.

Et il écrit aux *Galates,* I, 20, à propos de sa *Conversion,* que devant Dieu, il leur dit la vérité : *Ecce coràm Deo, quià non mentior.*

Et il invoque Dieu, il lui jure *par son Ame*, dans son *Épître* II, *aux Corinthiens*, I. 23 : *Deum invoco in Animam meam*.

Seulement, et on ne saurait se le dissimuler, le Serment jadis le plus Israélite, et depuis le plus Chrétien, était, comme toute *Loi*, plutôt pour les infidèles (les incrédules sont plus rares qu'on ne pense) que pour les fidèles ; et, comme le relâchement des mœurs et de la foi croissait avec le temps, les Pères notèrent d'autant plus le serment, qu'il allait devenir plus fréquent et plus nécessaire. — Saint Chrysostôme *Passim : Juramentum magis indicium incredulitatis, quàm fidei. — Non jurare, securus portus est. — Juramenta sequuntur perjuria. — Nemo est, qui frequenter juret, qui aliquandò non perjuret. Simul qui consuevit multùm loqui, aliquandò loquitur importuna.* — Par le Nouveau-Testament (*Testis mentis*, synonyme radical de serment : *sacer mens*) Dieu lui-même continue de promettre et de jurer ; mais il jure surtout qu'il condamnera l'incrédulité et le parjure : *Jurat Deus, ut incredulitatem condemnet*, dit saint Chrysostôme, sur saint *Matthieu, Homel.* XXI. — Et saint Augustin (*) *Contre le Mensonge*, le parjure au petit-pied,

---

(*) Grotius cite un autre mot frappant de saint Augustin : «Celui même qui ne jure que par une pierre, s'il ne fait pas, est parjure ; cette pierre n'entend pas, mais Dieu entend. »

dit aux Meilleurs : « Ne jurez pas, car du jurement à la facilité de jurer, il n'y a qu'un pas ; de la facilité à l'habitude, un pas ; de l'habitude au parjure, un dernier pas : *Dico vobis : ne jurate omninò : ne scilicet jurando ad facilitatem jurandi veniatur, de facilitate ad consuetudinem, de consuetudine in perjurium decidatur.*

Dans le *forum*, et depuis dans les Palais de justice, le Serment était au-dessus du jugement et de la *Chose jugée : Jusjurandum majorem auctoritatem quàm res judicata.* Loi. 2. ff.

La société chrétienne, la *Chrétienté*, ne fut bientôt qu'un immense et perpétuel réseau de sermens réciproques, de *Fois et Hommages* (*), de fidélité, disons le mot, de Féodalité.

« Le serment, dit Grotius, se confondait dans le vœu, et il en portait souvent le nom. »

Et la Chrétienté était encore cela en 1789.

L'histoire du serment à Athènes, et surtout à Rome, sera encore l'histoire du serment dans les monarchies nouvelles : « Le Serment que prêtent les officiers à leur réception est, *verè SACRA-MENTUM, id est religiosa observatio, quæ arcanis quibusdam ceremoniis peragitur,* dit Erasme; *Sacra-*

(*) La *Foi et Hommage* au seigneur se faisaient *de le servir envers et contre tous* (ce sont les termes sacramentels), *fors contre le Roi.*

mentum enim dicitur à Sacro, inquit Varro. Aussi est-ce au serment que gît la principale cérémonie de la réception. Et c'est ce serment qui attribue et accomplit en l'officier l'ordre, le grade, et s'il faut ainsi parler, le caractère de son office, et *qui lui défère la puissance publique.* » — « C'était la coutume des Magistrats romains, que les anciens recevaient le Serment des nouveaux : et cela se faisait le plus souvent au temple du Capitole, après le sacrifice. Autrement le magistrat perdait son état, si dans le cinquième jour de son exercice il n'en faisait le serment, dit Tite-Live sur la fin du xxxie liv. » (LOYSEAU, *des Offices*).

A Athènes, le Sénat des 500, les Archontes, l'Aréopage lui-même, prêtaient le serment prescrit par les lois de Solon (V. PLUTARQ. *Vie de Solon*). A Rome aussi, tous les fonctionnaires, depuis le plus simple soldat jusqu'aux plus grands officiers de l'empire, les Dictateurs, les Proconsuls, les Consuls (*), les Préteurs, les soldats, prêtaient

-----

(*) Les paroles de Pline sont dignes de celui qui, Proconsul au Pont, écrivit la tant belle *Lettre* à Trajan, pour obtenir la Liberté des Chrétiens : « Quoi ! l'Empereur, quoi ! César Auguste est debout devant le Consul ? Oui, pendant que le Prince est dans cette attitude, le Consul demeure assis; et sur son siége, il dicte au Prince le Serment, et le Prince jure : il prononce, il articule distinctement toutes les paroles du Serment, *pour dé-*

le *Serment d'office.* Les Empereurs eux-mêmes
le prêtaient, lorsqu'étant souverains, ils étaient

---

*vouer sa personne et sa maison à la colère des Dieux
s'il manque à ses engagemens...* Vous vous êtes assujetti
aux lois par un semblable Serment dans la tribune aux
Harangues : mais c'est que vous ne voulez pas avoir plus
de privilége que nous. De là donc, j'apprends que le
Prince n'est pas au-dessus des lois; mais que les lois sout
au-dessus du Prince. Ainsi, nous voyons l'Empereur jurer
l'observation des lois à la face des Dieux attentifs ; car, à
qui donneraient-ils plus d'attention qu'au Souverain des
peuples? Il la jure en présence de ceux qui doivent un
jour faire le même Serment. Enfin, il la jure, sachant fort
bien que personne ne doit plus religieusement observer ses
Sermens que *celui à qui il importe le plus qu'il n'y ait
point de parjures :* Et ille juravit, expressit, explana-
vitque verba, quibus caput suum, domum suam, si
scienter fefellisset, Deorum iræ consecraret... Non ignarus
alioqui nemini religiosius, quod juraverit custodiendum,
quàm cujus maximè interest non pejerare.

« La République a, par votre entremise, *contracté
avec les Dieux.* Ils sont engagés à veiller à votre conservation, tant que vous veillerez à la conservation de
la Patrie ; et si vous faites rien de coutraire, ils sont obligés à détourner leurs regards et leur protection de dessus
vous, et de nous venger en exauçant des vœux qui ne se
font pas avec tant d'appareil. (C'est-à-dire les impréca-
tions que l'on fait contre les mauvais Princes.) Pour

nommés Consuls : Dion le dit d'Auguste , et Pline
de Trajan (*).

Les peuples eux-mêmes , dit Grotius, prêtaient
le serment à leurs législateurs : « Les Lacédémo-
niens à Lycurgue ; les Athéniens à Solon, et le
peuple Romain aux premiers tribuns, à la requête
de Junius Brutus : « ce qui rendit le magistrat sacré et inviolable, et ce qui fut approuvé de tout
le monde » , dit Denys d'Halicarnasse.

Et les peuples entre eux. Dans le traité que

---

vous, vous n'aimez la vie qu'autant que le salut de la
Patrie peut s'y trouver attaché. Vous ne souffrez point
que l'on fasse des vœux pour vous s'ils ne sont premiè-
rement utiles à ceux qui les font. Chaque année vous demandez aux Dieux de vous juger, et de cesser de vous
être favorable , si vous cessez d'être tel que vous étiez
quand ils vous ont élu : *Egit cum Diis, ipso te auctore,
Respublica, ut te sospitem incolumemque præstarent, si
tu cæteros præstitisses. Si contrà, illi quoque à custodiâ
tui corporis oculos dimoverent... Nihil pro te pateris op-
tari, nisi expediat optantibus : omnibusque annis in consilium de te Deos mittis , exigisque ut sententiam suam
mutent, si talis esse desieris, qualis electus es. Et pacis-
ceris cum Diis, ut te, si mereberis, servent.* »

(*) Cicéron, lui, s'avisa un jour d'un serment hors de
ligne, et que la postérité lui a pardonné ; il jura qu'il
avait seul sauvé l'État : *Juro rempublicam atque hanc
urbem meâ unius ope esse salvam.*

firent les Romains et les Carthaginois, chacun des ambassadeurs se maudit personnellement, s'il était infidèle, jusqu'à « demander aux dieux qu'il fût *frappé dans sa Patrie, dans ses Temples, dans sa Maison, dans ses Sépulcres*, et pérît malheureusement, comme la pierre qu'il tenait à la main, et qu'il jetait... »

Le Serment romain était même réitéré et multiple : « Même Justinien ordonna, en la loi XIV *De judiciis*, que les juges prêtassent le serment en chacune cause ; en quoi il dit : *Rem non novam, neque insolitam facere. Cui enim*, inquit, *non est cognitum, antiquos judices non aliter indicialem calculum accepisse nisi priùs* SACRAMENTUM *præstitissent?* » Et Loyseau ajoute : « Justinien *nimiùs fuit in sacramentis*, ayant voulu que même les avocats jurassent en chacune cause, avant contester, et que les parties jurassent en plusieurs endroits des causes.» — Les parties surtout, dans un procès quelconque, prêtaient le serment qu'on appelait le *Serment de calomnie.* »

Les officiers, et jusqu'aux soldats romains, faisaient trois sermens, aux trois Vertus militaires : l'*Obéissance*, la *Valeur*, et la *Pitié;* le premier à leur enrôlement; le second, en entrant dans la *Légion;* le troisième, au premier campement. — Ce qui concourt, apparemment, avec les trois engagemens militaires, dont les seuls noms allaient si énergiquement au Christianisme avant le Christianisme : — l'engagement *Sacramentum*, — l'engagement *Conjuratio*, — l'engagement *Evocatio*. — « Le Romain, dit Plutarque, n'avait le droit de tuer, et de frapper seulement l'ennemi qu'après le premier de ces sermens. » — « Aussi à Rome, non-seulement les officiers, mais même les simples gendarmes qui n'avaient aucune puissance publique, *Non priùs militare audebant, quàm* SACRAMENTO *militiæ addicti fuissent, et postquàm* SACRAMENTO *soluti erant, in hostem ampliùs pugnare non poterant*, dit Végèce. Témoin la lettre que Caton écrivit à son fils, qu'il se gardât bien de combattre, qu'il n'eût renouvelé le serment militaire, dont il avait été libéré, ainsi que rapporte Cicéron au liv. Ier des *Offices*. » (LOYSEAU.)

Et ces sermens se renouvelaient à toutes les grandes époques de l'empire et même des Empereurs :—aux anniversaires de leurs avénemens, et même de leurs naissances ; — et plus solennellement encore, et avec une prime pour chaque soldat, tous les 5 ans, et tous les 10 ans.

C'était au milieu de ces sermens, de ces sacremens incessans de milice vraiment sacrée, et à la vue de leur accomplissement, que l'empereur Maximin les appelait : « le grand mystère de la république Romaine »; et que Montesquieu disait, dans son Essai sur *la Grandeur* des Romains : « les Romains étaient le peuple du monde le plus religieux sur le serment, qui fut toujours le nerf de leur discipline militaire... », dont la conquête du monde fut le prix.

Au fur et à mesure de l'affaiblissement des mœurs, à Rome d'abord, et ensuite partout, on chercha à ajouter à la force du serment par la solennité : — « Les Scythes, dit Lucien, se faisaient jaillir du sang, et se le suçaient pour se jurer et ne faire plusieurs qu'un, à la vie, à la mort. » — Ammien Marcellin nous dit que, sous quelques règnes, et dans plusieurs occurrences, « le soldat jurait la pointe de son épée sur la gorge. »

Les *Catilina...*, moins criminels peut-être que les *Salluste*, et même que les *Caton* et les *Cicéron* leurs accusateurs, qui vendaient leurs femmes aux Hortensius, ou séduisaient leurs propres filles, juraient héroïquement par leurs sangs réciproques : Catilinam, oratione habitâ ad populares sceleris sui, cùm ad jusjurandum eos adigeret, humani corporis sanguinem vino permixtum in pateris circumtulisse ; inde, cùm post exsecrationem omnes degustavissent, sicuti in solemnibus sacris fieri consuevit, *aperuisse consilium suum* : atque eò dictitare fecisse, quò inter se magis fidi forent, alius alii tanti facinoris conscii (SALLUST.)

L'un des sermens anciens les plus terribles, et que Justinien abolit comme superstitieux, est le serment *par la tête et les cheveux de Dieu...* D'autres se faisaient par le lever de la main droite au

Ciel (*), le Signe de Croix , la présence de l'Évangile, le Lieu saint, les Reliques même de tel ou tel

---

(*) Abraham jurant au roi de Sodome qu'il ne lui re-
tiendrait rien du butin, leva la main :... *Levo manum
meam ad Dominum Deum excelsum , possessorem cœli
et terræ.* GENES, XIV, 22. — L'ange même de l'Apoca-
lypse, jurant par le Vivant la fin du monde , la lève :
*Levavit manum suam ad cælum, et juravit per Viven-
tem.* X. — Dieu lui-même paraît la lever : *Levabo ad
cælum manum meam, et dicam : Vivo Ego.* DEUTER,
XXXII, 40. — *Juravit Dominus in dexterá suá, et in
bracchio fortitudinis suæ.* ISAÏ, LXII, 8.

Les Romains eux-mêmes avaient conservé des restes
de cette Foi antique , et Virgile fait jurer au roi Latinus
par cette Main , par cette Droite accoutumée à la victoire :

   Fata per Æneæ juro, *dextramque potentem,*
   Sive fide, seu quis bello est expertus et armis.

Déjà Cicéron, *Pro Dejotaro,* avait loué en avocat,
c'est-à-dire lâchement et faussement, César de ce que
« sa *Main* n'était pas moins ferme dans ses promesses
que dans les combats ».

Je ne sais quel philosophe , même grec, définissait la
Main droite : l'*Index du Ciel.*

Les Juifs du 19e siècle, qui sont loin d'Abraham, re-
présentés par leur *Consistoire* central, MM. *Crémieux,
Cerfberr, Anspach,* substitut *de* procureur du Roi, et
Raphaël, viennent de féliciter le *ministre des cultes*

Saint (*). En France, on jura longtemps par saint *Martin* de Tours, saint *Hilaire* de Poitiers, etc.

Louis VIII jura en 1209 *par l'Ame* de son Père

---

d'avoir « en abolissant *toute cérémonie dans le serment des consistoires*, porté *le dernier coup* à la *momerie superstitieuse appelée serment More Judaïco*, si vivement attaquée dans un éloquent *Réquisitoire* de M. de Langle, devant la Cour de Cassation. »

(*) Un trait admirable suffit seul pour donner l'intelligence et inspirer l'admiration de cet *Age*, que nous devrions n'appeler *Moyen*, que parce que les premiers siècles du Christianisme sont encore plus *grands*.

Le *président* Hénault, qui n'était que *légiste*, n'y a *vu que du feu* :

« Helgaud, moine de Fleuri, raconte dans la vie du roi Robert, que pour empêcher que ses sujets ne tombassent dans le parjure, et n'encourussent les peines qui en sont la suite, il les faisait *jurer sur un reliquaire*, dont on avait pris la précaution d'ôter les reliques, *comme si l'intention* ne faisait pas le parjure : mais *alors on ne raisonnait pas mieux que cela.* »

L'Encyclopédie de Diderot était moins déraisonnable : « Anciennement, dit-elle, *quand on voulait éluder son Serment*, on le prêtait sur un Reliquaire vide, comme s'il était permis de se jouer de la religion du Serment. »

Comme si, *à votre aulne* même, pauvres philosophes, le roi Robert n'était pas admirable, à ne le juger que par l'*intention !* Et comme si, au fond, il vous allait, à un

vivant (**V**. l'*Encyclopédie*, v° *Serment*). — « En France, dit Loyseau, il faut d'abord que le Serment soit fait publiquement, *in loco Majorum*, et en pleine audience : comme étant l'*acte de plus grande cérémonie* qui se puisse faire, que de conférer la *Puissance publique*. » — « L'empereur Justin voulait qu'il se fît *Tactis sacrosanctis Evangeliis*. Comme auparavant l'édit dernier fait en faveur de ceux de la religion prétendue réformée, il fallait que les officiers fissent protestation de foi étant à genoux devant le premier président, et mettant la main dessus le *Tableau, où était l'image du Crucifix* et l'Évangile. Cérémonie fort ancienne entre les payens, *qui jurabant aram tenentes; undè proverbium : Amicus usque ad aras*, id est *usque ad jusjurandum*. Même, tenue si superstitieusement entre les chrétiens, que le même peuple pensait que les autres sermens ne fussent obligatoires, comme il se voit aux passages de saint Chrysostôme et de saint Jérôme, rapportés par Gratien, etc. De vray, comme dit Symmaque, lib. x, *Epist.* 54 : *Licet omnis Deo alena sint, plurimùm tamen valet ad* metum delinquendi, præsentia religionis urgeri. »

Les sermens de rois ou entre rois, les premiers

---

trait quelconque de *biographe*, d'appeler *déraisonneur* le Roi qui composa le *Veni, Sancte Spiritus*, et que votre *Histoire de France*, elle-même, surnomme le *Sage !*

et les plus importans de tous, étaient aussi les plus
sacrés. Ceux des rois de France, à leur Sacre, furent, dès l'origine, d'une solennité et d'une gravité qui ne fit qu'augmenter avec le temps. C'était
le *Sacre* tout entier. Louis XVI, le dernier qui
le prêta dans toute sa splendeur et dans toute la
simplicité de l'âme, est aussi le dernier qui le
tint, car il le tint jusqu'à la mort, et surtout à
la mort.— Le serment Royal consistait en quatre
sermens : le premier, général et *royal* proprement
dit; — le second, comme grand-maître de *l'Ordre
du Saint-Esprit* : « de vivre, de *mourir* en la sainte
Foi et Religion Catholique, et de *plutôt mourir
que d'y faillir*;—le troisième, comme grand-maître
de l'Ordre de Saint-Louis; — le quatrième, *contre
les ducls*....., qu'il eut le malheur de violer en
faveur de son frère !....

Dans le *Traité d'Andelaw* (*), le plus ancien

(*) « Au Traité qui se fit entre Louis et Charles-le-
Chauve, frères, dit Bodin, le Serment que chacun fit, fut
à cette condition, que s'il avenait, ce que Dieu ne veuille,
que je faussasse mon Serment , je vous absous tous de la
foi que vous me devez. Louis jura le premier en *langue
romande*... Puis, après , les deux armées et sujets des
deux princes jurèrent, les sujets de Louis *en langue thu-
desque*. (Sic). »

La plus simple *parole* d'un roi de France valait un
Serment : «Jamais prince , dit Péréfixe, ne fut plus

Traité de Paix connu, Gontran,. roi de Bourgogne,
Childebert son neveu , roi d'Austrasie, et la reine

---

religieux observateur de sa foi et de sa parole que
Henri IV, suivant ce beau mot du roi Jean : Que si la foi
était perdue au monde , elle devrait se retrouver dans la
bouche des Rois. Nous en avons marqué plusieurs exemples dans sa vie. « Les Huguenots demandant à Henri II
des places de sûreté, il leur dit : *Je suis la seule assurance de mes sujets, je n'ai encore manqué de Foi
à personne.* Et puis le fait de Savoie ; mais parce qu'il
est merveilleusement beau, nous laisserons parler d'Au-
bigné, d'autant plus croyable en cela qu'il n'a pas été
trop favorable à ce prince en plusieurs autres choses.
« Deux vieux conseillers d'état, dit-il, se firent auteurs
d'un étrange conseil, c'était de retenir ce duc, et de violer
le sauf-conduit à celui qu'ils accusaient d'avoir tant de
fois faussé les communs accords à son profit. Par ce
moyen, disaient-ils, le Roi pourra recouvrer le marquisat de Saluces, épargnant son temps, ses finances et la vie
des soldats français. Mais le Roi leur répondit : J'ai tiré
de ma naissance et j'ai appris de ceux qui m'ont nourri,
que l'observation de la foi est plus utile que tout ce que
la perfidie promet. *J'ai l'exemple du roi François, qui
pouvait, par la tromperie, retenir un plus friand mor-
ceau, savoir, Charles-Quint.* Que si le duc de Savoie a
violé sa parole , l'imitation de la faute d'autrui n'est pas
innocente ; et *un Roi use bien de la perfidie de ses
ennemis, quand il la fait servir de lustre à sa foi.* »

Brunehaut mère de Childebert, y jurent par le nom de Dieu Tout-Puissant, par l'indivisible Trinité, par tout ce qu'il y a de divin, et par le jour redoutable du Jugement Dernier. (*Per Dei omnipotentis nomen, per inseparabilem Trinitatem, per divina ac tremendum Diem Judicii*).

On peut juger des promesses des *sujets*, des *fonctionnaires* et des *parties*, par celles-là. Le serment se trouva, on peut le dire, la première et presque la seule loi des Bourguignons, les premiers Francs, à leur arrivée dans les Gaules, à la veille, ou plutôt sous l'empire du christianisme, auquel ils allaient et qui allait à eux. « Celui contre qui on formait une demande ou une accusation pouvait se justifier en jurant, avec un certain nombre de témoins, qu'il n'avait point fait ce qu'on lui imputait. Le nombre des témoins qui devaient jurer augmentait selon l'importance de la chose; il allait quelquefois à soixante-douze » (*Loi des Ripuaires*, PASSIM).

La loi du *Combat singulier* était une suite naturelle et le remède de la loi du serment. Et Montesquieu lui-même le remarque, après tous les anciens juristes français : « Quand on faisait une demande et qu'on voyait qu'elle allait être éludée par un serment, que restait-il à un guerrier qu'à demander raison de l'offre même du parjure ?... Il fallait, selon le langage des lois des *Barbares*, (*Le plus* barbare *des deux n'est pas celui qu'on pense*),

4

ôter le serment des mains d'un homme qui en voulait abuser. »

L'expression et la chose, ici, sont sublimes. Et Gondebaud, roi de Bourgogne, rend supérieurement raison de sa loi dans sa loi même : « C'est, dit-il, afin que nos sujets ne fassent plus de serment sur des faits obscurs, et ne se parjurent point sur des faits certains. « Il est juste que celui qui a offert de jurer, et qui a déclaré qu'*il savait la vérité*, ne fasse point de difficulté de combattre pour la soutenir. » *Loi des Bourguignons*, ch. XLV. — Et longtemps après, l'expérience à cet égard parut si bienfaisante, et c'est encore Montesquieu qui le reconnaît, que « la Nation Française, dans ses assemblées générales tenues par Charlemagne, lui représentant que, dans l'état des choses, il était très-difficile que l'accusateur et l'accusé ne se parjurassent, il valait mieux rétablir le combat, Charlemagne le rétablit. »

Et l'on sait tout ce qu'il y avait de religion, de foi, dans les combats judiciaires : c'étaient comme autant de martyres, de *baptêmes de sang...*!

Ainsi, et il ne faut pas s'y méprendre, c'est par le respect profond, par la vénération que nos pères avaient pour le serment, par exagération du serment, par des sermens plus solennels et redoublés, qu'ils consentirent à se battre. Ils sacrifiaient au serment jusqu'à leurs vies réciproques.

Mais, pour avoir une belle source et un côté beau, le *combat* n'en était pas moins un abus, une

effusion de sang; il appartenait au roi très-chré-
tien, à saint Louis, de l'abolir, et c'est lui, en effet,
qui l'abolit dans ses *Établissemens;* en même temps
qu'il réhabilita le serment pacifique, qu'il le permit, le prescrivit même, en lui donnant des sanc-
tions nouvelles : « Le serment judiciaire, dit Montesquieu, se faisait dans les Églises; et il y avait
même, dans la première race, au palais des rois,
une Chapelle *ad hoc* pour les affaires qui s'y ju-
geaient (V. les *Formules* de Marculphe).»

Comme les rois entre eux, les peuples, en retour, s'assermentaient, on peut le dire, en masse;
et la *Féodalité*, si peu connue et si calomniée,
n'était pas autre chose qu'une immense et réciproque prestation de *Fois et hommages,* et de sermens.
Le *Vassal* de ce temps, si différent de celui du
nôtre, se liait le pouce avant de jurer : *A pollice
ligato.*

« Les Fiefs, dit très-bien Vico, dans sa *Science
nouvelle,* traduite, ou plutôt éclairée en français par
la Princesse de Belgiojoso, les *Fiefs* sont *divins,*
parce que les pères de famille les tenaient de la
Providence Divine... Le Pouvoir d'où les puissances
ont leur autorité, la Foi et le respect du Serment, la
protection enfin que les *forts* doivent aux *faibles,*
forment l'essence même de la Féodalité. »

Les Papes, les Évêques, les Prêtres eux-mêmes
prêtaient les premiers et le mieux le serment à

Dieu et aux hommes (*). Leurs Sacres, leur consécration, on peut le dire, leur vie, n'est qu'une prise incessante de Dieu à témoin, un Serment perpétuel, un réseau de sermens.

En justice, ils eurent le privilége de prêter serment par la simple pose de la main sur la poitrine (*ad Pectus*).

(*) Les Évêques prêtaient le Serment royal, *par surcroît* : « La date de ce Serment remonte bien plus haut, comme on le voit par le troisième concile de Tours qui est de 817, et par le second concile tenu sous Louis-le-Débonnaire à Aix-la-Chapelle en 836 ; et indépendamment de ces autorités, depuis que les évêchés furent fondés, comme les évêques ne tenaient que du roi l'*autorité séculière* qu'ils y exerçaient, il ne pouvait être douteux qu'ils ne dussent le Serment de Fidélité au *prince qu'ils représentaient chacun dans leur province.* » (HÉNAULT, à l'année 1224.)

Ce Serment, rapporté par Laurière, est magnifique : « Je jure le très-saint et sacré Nom de Dieu, Sire, et promets à Votre Majesté que je lui serai, tant que je vivrai, fidèle sujet et serviteur, et que je procurerai son service et le bien de son état de tout mon pouvoir ; que je ne me trouverai en aucun conseil, dessein ni entreprise au préjudice d'iceux ; et s'il en vient quelque chose à ma connaissance, je le ferai savoir à Votre Majesté. Ainsi me soit Dieu en aide et son saint Évangile. »

Le Serment du Prêtre, en tant que *Prêtre*, à l'Évêque,

La Tradition sur le parjure va confirmer notre théorie et notre théologie sur le Serment, comme l'histoire du Serment lui-même.— Les Égyptiens, plus graves et plus grands que les Grecs, punissaient le parjure du dernier supplice : Apud Ægyptios *perjuri capite mulctabantur*, ut qui pietatem in Deos violarent, et fidem inter homines tollerent, *maximum vinculum* societatis humanæ. DIOD. L. 1.

Les Grecs eux-mêmes disaient, par la bouche de leur poète le plus populaire (Aristophane en ses *Nuées*, v. 396) : « Jupiter lui-même lance son tonnerre sur les parjures.»—Dans la ville d'Olympie, on voyait la statue de ce Dieu tenant la foudre contre eux.—«Celui qui veut se rendre les dieux ennemis, dit Platon dans ses *Lois*, n'a qu'à prendre leur nom en vain. » — Et Aristote, jusque dans sa *Rhétorique,* pour en frapper la jeunesse : « Le parjure est puni à la fois de l'infamie par les hommes et de la haine par les Dieux : Si quis pejeret, à Diis pœnam, ab hominibus *dedecus* expectet. *Latere* quidem ho-

<hr>

dans son Ordination, et *après* la *Consécration*, est bien autrement simple, sublime, efficace. C'est le Serment d'*Obéissance* immédiate, personnelle : — Promittis Mihi, et Successoribus meis, Reverentiam et *Obedientiam ? — Promitto. —* Et tout est dit, à jamais, sans que jamais le Prêtre puisse, sous prétexte même du Pape, éluder son Évêque, tant que celui-ci n'est pas séparé du Pape.

mines potest : at *Deos non potest.* — « Bon, s'écria
un jour le roi Agésilas, à la vue d'ennemis parjures ; ils nous donnent les dieux pour alliés. » —
Plutarque, dans la *Vie de Lysias*, lui fait dire que
celui qui viole son serment craint les hommes et
pas Dieu : Qui juramento hostem circumvenit, fa-
tetur *se hominem timere*, Deum verò contemnere.

L'un des plus beaux et des plus célèbres morceaux de l'antiquité, le Serment de la famille des
Asclépiades, et d'Hippocrate en particulier, ce Serment admiré par saint Jérôme, et par tous les
grands médecins, depuis Galien jusqu'à Morgagni,
et même Littré et Broussais, est un assez bel
exemple et des avantages de la fidélité, et de l'exécration du parjure : « Je Jure par Apollon, médecin, par Esculape, par Hygie et Panacée, je prends
à témoins tous les Dieux et toutes les Déesses d'accomplir fidèlement, de tout mon pouvoir, et de
toute mon intelligence, ce serment et cet engagement écrit, etc.... ; — de faire servir le régime dié-
tétique au soulagement des malades ; de conserver
ma vie pure et sainte, aussi bien que mon art ; de
m'abstenir de toute espèce de débauche ; de m'in-
terdire tout commerce honteux ; de taire toutes les
choses que je verrai ou entendrai dans l'exercice
de ma profession, les regardant comme des secrets
inviolables. Si j'accomplis fidèlement mon serment, puissè-je passer des jours heureux, et vivre
honoré des hommes ; mais si je viole mon serment, si je me parjure, que le contraire m'arrive ! »

Les Romains, aussi près du Christianisme que les Grecs en étaient loin, et plus fidèles au serment, allaient se montrer plus sévères envers le parjure. Cicéron le *flétrit* dans ses *Lois :* Perjurii *pœna divina, exitium;* humana, *dedecus;* — et Juvénal le *fouette* de ses *vers* les plus *sanglans :* » *Quand Phalaris lui-même* vous commanderait de trahir votre conscience, et *faisant approcher le tau- reau brûlant, vous dicterait le parjure*, croyez que c'est le plus affreux de tous les crimes que de pré- férer la vie à l'honneur, et de perdre pour la con- server ce qui seul vous rend digne de vivre :

    ... Ambiguæ si quandò citabere testis
    Incertæque rei, **Phalaris** licèt imperet ut sis
    Falsus, et admoto dictet perjuria tauro,
    Summum crede nefas animam præferre pudori
    Et propter vitam vivendi perdere causas.

La peine du parjure à Rome, même en sa déca- dence, était dans l'Opinion ; elle était jusque sur le théâtre (*); elle n'avait garde d'être absente de sa législation. C'était tantôt la simple infamie (Loi XLI, *de Transact.*) ; tantôt le bannissement (III, *de Stel- lion.*) ; tantôt le *fouet,* (XIII. C. *de Jurejur.*) ; et toujours la perte des dignités et la dégradation ci- vique : ..... *In criminalibus* verò negotiis *dignitate*

(*) Le profane Plaute lui-même consacrait, à sa façon, la foi du Serment, en disant des *Macaires* seulement de

quoque *quâ se perjurium* videlicet *perjurium in-
dignos esse* probaverint, spolientur : ut in eos ut-
potè illustri dignitate per suum facinus privatos
in consultâ etiam nostrâ pietate, *judicibus legum
severitatem exercere* » (xvii. D. *de Dignitatibus*).—
« L'effroi du serment, dit la loi Ire *de Jurej.*, com-
prime la témérité des parties : *formidine Jurisjurandi temeritas compescitur.*

Les Romains, pour honorer de plus fort le serment et honnir mieux l'infidélité aux dieux et aux
hommes, avaient donné leur juridiction en général
aux Pontifes, ensuite aux Censeurs, et quelquefois au Sénat lui-même (V. AULUG. viii; et GUTHER.
de Veter.)— Et Plutarque en rapporte un mémorable exemple dans la *Vie de Caton* : « Lucius Fla-
minius, patricien, accusé d'un méfait, l'avait nié ;
interpellé de confirmer sa dénégation par le serment, il recula : il n'en fut pas moins rayé du
nombre des sénateurs. »

Et puis, et surtout, les jurisconsultes eux-mêmes
déféraient jusqu'aux Dieux le jugement de la violation de la foi jurée : « Cette violation, disent-ils,

------

son siècle, que le Serment était établi non pour perdre,
mais pour conserver ou avoir : *Jusjurandum, rei ser-
vandæ, non perdendæ, conditum est.* Juvénal, lui
aussi, les *fouette de* son *vers sanglant :*

....Intrepedi quœcumque altaria tangunt.

blessant Dieu à l'âme, ne peut avoir que Dieu pour vengeur suffisant : *Jurisjurandi contemptum* Religio satis *Deum ultorem* habet, etiam si læsæ *majestatis* crimen. 2. Code. *de Jurej*. — C'est en ce sens que Plutarque disait, dans ses *Questions Romaines*, que « le parjure allait à la *Malédiction*. »

Dans le *Droit français*, moins mauvais, toutes choses égales, que le Droit romain, le parjure, crime spécialement flétri et flétrissant, était tenu pour infâme, en fait et en droit : *Perjurius est infamis in facto et in jure* (V. le *Répertoire* Merlin).—Il était, pour ainsi dire, hors de la société, étant hors de la crédibilité judiciaire : *Non ampliùs admittitur ad testimonium*.

La loi canonique, la loi ecclésiastique, allait être bien autre, et bien autrement sacrée : elle allait jusqu'à dispenser de la formule du serment, précisément parce que le Christianisme lui-même, dans l'individu, comme dans la société, était le Serment, le sacrement quotidien et incessant du fidèle.

Le Serment proprement dit, habituellement sous le nom de *Parole sacrée*, et ensuite de *Parole d'Honneur*, et enfin de simple *parole* ou mensonge, demeura la foi, la religion tout entière, c'est-à-dire au fond, l'athéisme des chrétiens dégénérés, des gens du monde, et même des mauvais sujets : rois et citoyens.

Il n'en était que plus sacré à la politique, et dans la cité et dans le temple. Et voilà pourquoi, dès avant le moyen-âge, le pouvoir temporel de l'Eglise punit de plus en plus le parjure sur ses membres, et le pouvoir même spirituel de l'état de plus en plus sur les siens. Le droit canon lui appliquait la même peine qu'à l'adultère et à l'homicide prémédité : l'excommunication absolue. *Prædicandum...* est etiam, ut perjurium fideles caveant, et ab hoc summoperè abstineant, scientes *hoc Grande Scelus* esse : et in Lege et in Prophetis, et in Evangelio prohibitum... Audivimus enim quosdam parvi-pendere hoc scelus, et levem quodam modo perjuriis pœnitentiæ modum imponere, qui nosce debent *talem de perjurio pœnitentiam imponi debere, qualem et de adulterio et de homicidio* spontè commisso, et de cæteris criminalibus vitiis. CAN. XVII, *Caus.* 22.

Le fondateur et le législateur de la France, Charlemagne, ordonnait dans ses *Capitulaires* de couper la Main au parjure ; et Charles-Quint, le fondateur et le législateur de l'Espagne et de l'Allemagne, réduisit cette peine, dans sa belle législation *Caroline*, à l'amputation *de deux doigts*, l'*index* même du serment.

Longtemps, au siècle de Louis XIV encore, la France et ses provinces avaient retenu la foi antique. Racine ne flétrissait pas le parjure dans son *Iphigénie*, et Molière l'hypocrisie dans le *Tartuffe*, sans constater ce sentiment national :

. Ne fait-il des sermens que pour les violer?

Ni Boileau par son vers proverbial :

Le Normand même alors ignorait le parjure.

Aujourd'hui, c'est autre chose (*). Nous ne connaissons de *Tartuffes* que les *politiques*, de parjures que les *faux témoins* proprement dits, punis par le *Code pénal* de l'empire, selon les cas, des travaux forcés, et même de la mort (art. 361-366). — Ce qui n'empêcha pas Merlin lui-même de dire, en son

---

(*) *Autres temps, autres mœurs* : et les dernières sont toujours les pires :

Par une *Providence* lumineuse, il est arrivé que la ville de Paris, et même l'*Académie*, ont inauguré Molière, aux jours mêmes où les Chambres tentaient de flétrir le Parjure.

Moi qui ne suis *pas même* député ou *académicien*, j'ai souscrit à l'honneur fait, non à Molière, mais à la honte faite à son *Tartuffe*.

La théorie et la pratique de sujets à Rois, en fait de sermens, n'est point, après tout, chose isolée. Toutes les sortes de contractans civils, et même les religieux, semblent ne se servir de la parole et même de l'écriture que pour tromper et se tromper. L'infidélité habituelle, pire que le divorce, et même le mensonge, sont devenus le droit commun; et on se révolte dans la famille, dans la société, et jusque dans l'État, aux cris, et aux épigraphes : *La révolte n'est jamais permise.*—« *Tout* pour la France, et par la France. »

informe *Répertoire* : « Le parjure commis par une
personne constituée en dignité doit être puni plus
sévèrement que celui d'un particulier. Il faut en
dire autant du parjure commis par un tuteur, un
associé, etc. »

Mais les *Tartuffes* politiques sont les plus nombreux et les pires de tous ; car leur hypocrisie, à
eux, ne rend pas des *hommages à la vertu.* Il en est
à présent de notre serment d'état comme de la
parole, laquelle n'est plus *donnée* que *pour dissimuler sa pensée;*—comme de la monnaie : il a gardé
son nom et perdu son titre.— « C'est une étiquette
à laquelle un employé, royal ou populaire (ces paroles sont de M. Royer-Collard), doit se conformer,
comme au hausse-col, à la robe rouge ou au scep-
tre. On sait assez qu'on donne de la fausse monnaie, ou du moins de la discréditée ; et comme on
prête le Serment avec moins d'honneur, on le viole
avec moins d'infamie. » Mais avec *infamie* toujours !

Et l'expression naturelle, habituelle, et prover-
biale, de la *Sainteté* (dans toutes les langues, *sanc-
titas* vient de *sanguis*) du *Serment* (*), est encore là

(*) Et puis, voyez la trace profonde, la *demeure* de la
pensée publique *sur* le Serment, dans une famille de mots
de toutes les langues : *abjurer, adjurer, injurier, conjurer,* etc. !—Voyez, dans les rixes de peuple, dans les
luttes et les jeux d'enfans, vraies racines, partout et tou-

pour constater la native, la profonde obligation que le *Serment* emporte avec lui, et en temps et lieu jusqu'à l'obligation de la vie.

Les parjures, chez les anciens, étaient rares : on les comptait, on les notait, et voilà pourquoi ils sont fameux. Et comme les Rois, lorsqu'ils ne sont pas les premiers fidèles à Dieu (*), sont les premiers

---

jours, de la société ! Les *jurons* sont proverbiaux et à l'ordre du jour. Les *bien-nés* jurent : *Par Di ;* — les médiocre-nés : *Par Dieu, ma Foi ;* — les mal-nés : leur *grand'Foi,* leurs *grands Dieux ;* — les pires de tous, les philosophes, les *voltairiens* de ville ou de village : *ma parole d'honneur,* ou même *ma parole* tout court.

(*) Il est, toutefois, une sorte de parjures supérieure et pire que celle des tyrans, c'est celle des *Apostats* proprement dits : — Les Juifs de Tibère et d'Hérode, pour lesquels l'Eglise surtout prie le Vendredi-Saint : *Oremus et pro... Judæis ;—Judas ;—Manès* (il était Prêtre); — *Novatien ; — Julien ;—Arius ;—Nestorius ; —Pélage ; —Macedonius. Photius, Michel Cérularius,* patriarches de Constantinople ; — et depuis, Wiclef ; — les deux Jean *Balée,* ses disciples, l'un mis à mort dans le siècle suivant ;—Jean Hus et Jérôme de Prague ;— le prétendu *Benoît XIII,* rebelle à six Papes consécutifs ; — Ermaun et Ghérard, deux Archevêques Électeurs de Cologne, à la fin du xve siècle, que le Cardinal Pacca considère comme

parjures, même aux hommes, il s'est trouvé que ce

Luther et Calvin avant Luther et Calvin; — le *Cardinal de Châtillon,* frère de Coligny, l'ennemi-né du Cardinal de Lorraine; — le *Cardinal d'Armagnac,* Bâtard d'un d'*Albret,* et le *Guise* secret de la mère fanatique d'Henri de Navarre; — l'archevêque de Cantorbéry, *Crammer,* surnommé le *Henri VIII* du clergé d'Angleterre; — *Spifame,* l'évêque de Nevers, fugitif à Genève; — le *Dominicain* Jacques Clément, assassin d'Henri II, en *Juillet* 89, lorsqu'il venait de recevoir les Ordres sacrés (un Dominicain menteur, *Dol-mans,* n'a-t-il pas voulu prouver que le régicide fut un calviniste meurtrier du Dominicain, et revêtu de ses habits?) — l'*Évêque* Amyot, fils d'un boucher (du même diocèse que Jacques Clément) autre meurtrier d'Henri II, et même de Charles IX, à l'usage desquels il traduisit les plus corrupteurs romans du peuple le plus corrupteur du monde : les *Amours de Théogène et Charidée,* et ceux *de Daphnis et Chloé,* mort en 1593, comme il était né en 1513; — les *Ochin,* les *Brunus,* les *Vanini,* d'odieuse mémoire; — *Dominis,* Fra-Paolo (le *Servite* révolté de Venise), *Richer, Jansénius* (l'auteur d'un *Mars Gallicus* pour l'Espagne contre la France); — *Quesnel* (surnommé la *Queue* d'Arnauld, par Bayle), son *Réfléchisseur moral,* l'auteur de *Lettres contre les... nudités,* vivant et presque mourant fugitif en prison, comme Arnauld, dans les Pays-Bas; — La Bourlie, l'insurrecteur calviniste du Rouergue (mis à mort à Londres...), *Urbain*

fut un roi, et le Roué le plus grand de l'antiquité,

Grandier et Campanelle; — Longuerue, aux *Anas* cyniques;—des Princes Évêques, comme celui de Munster, *Van-Galen*, guerroyant jusqu'à être appelé *féroce* par l'*Historien Ecclésiastique* D'Avrigny;—un *Évêque de Metz* honorifique, bâtard d'Henri IV, duc et pair de Verneuil, descendu à donner sa main à Charlotte Séguier, fille du chancelier; — un Évêque de Limoges, Lafayette (oncle de ia Romancière), dont La Fontaine disait : « C'est la meilleure table du Limosin, » etc., etc.; les abbés *Choisi*, *Le Laboureur*, Historiens plats ou équivoques; — et même *Saint-Réal*, fugitif à Londres, avec la *Mazarine;— Vertot*, Historien de *Rome*, de *Suède*, etc., comme de *Malte*, en forme de drames ; — *Dubos*, Romancier des *Gaulois*, comme de la *Poésie* et la *Musique;— D'Olivet*, Historien de l'*Académie*, et poète de la *Prosodie;—*les deux abbés *Terrasson*, Romanciers de *Séthos*, apologistes enrichis, et enfin victimes ruinées du *Système de Law;—*pères plus ou moins putatifs des *Lebeuf* et des *Goujet*, des *Anquetil* et des *Gallais*, de *Berscastel* (auteur d'*Idylles*, comme l'abbé *Raillon*, mort archevêque d'Aix), et même du Cardinal de Bausset, ministre d'État, duc et pair, *académicien*, qui voyait trop, et même tout, en *Bossuet* et *Fénelon*, l'un *courtisan*, et l'autre *Ultra-montain*.

Au XVIIIe siècle, et précisément antérieurs à tous les *Philosophes* proprement dits :—les *Cardinaux : Dubois*, *Albéroni*, de *Luynes* (dont Condorcet a fait l'*Éloge*); de

Philippe (le grand-père du petit Alexandre) qui

Tencin (fière de la *Tencin*, la pire des femmes philosophes, ayant été Religieuse). — Les autres Cardinaux : de
Rohan; de *Bernis*; et même *Pompignan*, mort l'année
même où il garda le *Bref* aux Évêques!!!; — le Cardinal
de *Boisgelin*, traducteur d'*Ovide*, et que Lalande a placé
dans ses *Athées.* — *César* de la Luzerne,... l'Évêque
d'un Diocèse, où il est encore bruit aujourd'hui de ses
scandales,... qui fut des *intimes d'Orléans* (V. l'*Histoire*
de ceux-ci, par M. Laurentie), Parlementaire par sa mère
Lamoignon, prêchait les idées anglaises à la Constituante,
et fut trouvé digne de la Présider.

Les *abbés de Cour* ou *de Ville*, des *Tuileries* ou du
Palais Royal : *Alary*, le si perfide précepteur de
Louis XV, dans la maison duquel se trouvait un *Club*
(dit l'*Entresol*); — de *La Ville*, le vrai *factotum* des
affaires Étrangères; — *de Breteuil*, chancelier de la maison d'Orléans; — l'*abbé Dacier*, Précepteur d'*Égalité*;
organisateur des *Impôts*, en 1790; membre des 500; et
Secrétaire perpétuel en effet *de l'Académie,* encore de
nos jours; — l'*abbé* de Radonvilliers lui-même, auteur de
la *Comédie* des *Talens inutiles*; — l'*abbé Mignot*, pauvre neveu, et richissime héritier de Voltaire.

Les *Clercs* Jansénistes philosophes ou politiques du
Pariement de Paris : — *abbé Pucelle,* — *abbé Terray*,
— *abbé Tendeau,* — *abbés Sabathier* de *Cabre*; — *abbé
Chauvelin*, le *Lachalotais* de Paris contre les Jésuites,
frappé d'apoplexie, en sortant de chez la *Du Deffand*; —

abusa le plus de la Foi sacramentelle. Son idée

---

abbé de Saint-Martin, conseiller au Châtelet de Paris, panégyriste de *saint Louis;* et bientôt *marié*, et même *divorcé*, mort conseiller à la Cour de Cassation, etc.

Les *Abbés* mondains ou corrupteurs populaires, à la suite de l'*Abbé* de *Brantôme....*, du curé *Rabelais*, de l'abbé *Cotin*, de l'abbé *Scarron : Chaulieu*, *Grécourt*, *Vinot*, *Voisenon*, *Lattaignant*, *Boufflers*, etc., *Bernis :* —dégénérés encore dans l'infâme abbé *Dulaurens*, *Compère Mathieu* de Voltaire, mort dans les prisons de Mayence;—dans le non moins infâme *abbé Bergeat*, fils du Lieutenant-Général de Reims; — dans l'*abbé Delisle*, lui-même, républicain de Rome (comme l'*abbé Barthélemi* l'était d'Athènes), et dont le *Dithyrambe sur l'Immortalité de l'Ame* n'expia point les *Poésies légères* et même érotiques.

Le plus populaire de tous, l'*abbé Prévôt* (fils d'un Procureur) fut assassiné plein de vie par un chirurgien, à la requête des juges qui le crurent assassiné, lorsqu'il n'était que tombé d'apoplexie dans la forêt de Chantilly...

Les *Abbés* impies : — *Meslier* (suicide); — *Marsy* (*Analyste de Bayle*);—du *Marsais*, Oratorien et Marseillais, marié et divorcé, favori de *Law* et Encyclopédiste : cumuls dont il devait avoir horreur, comme *Des Tropes* dont il publia un traité.

Les *Abbés* révolutionnaires *in petto* : —*Raynal*, de Saint-Géniès, le fougueux auteur des *Inconvéniens du célibat des Prêtres*, etc., qui n'ouvrit les yeux qu'à la

fixe, son mot était, qu'*on amuse les enfans avec des jouets, et les hommes avec des sermens.*

Constituante, longtemps caché et fugitif..., et mort, tellement abandonné et misérable à Chaillot, que l'Officier de paix ne trouva chez lui qu'un assignat de 50 liv. ne valant plus que 5 *sols.* — l'abbé *Séran de la Tour,* historien d'*Epaminondas,* de *Scipion,* et même de *Catilina;* — l'abbé de *Gourcy,* auteur d'une apologie *de Lycurgue,* etc; — de *Prades,* l'homme de *Diderot;* — *Auger,* l'homme des *Grecs,* et le *Catéchiste des... Citoyens,* mort dans la même année que... son livre; — l'*abbé Brizard,* premier éditeur des *OEuvres de Jean-Jacques Rousseau,* mort dans un grenier,... le lendemain du 21 janv. 93!;— l'abbé *Talbert,* panégyriste de l'*Hôpital* et même de *Montaigne;* —*Barthélemi* (le bon *Marseillais* des républiques grecques);— *Morellet,* commentateur de *Rabelais;* — *Condillac* et *Mably,* l'un qui ne voyait que l'*idéologie,* l'autre que la démocratie romaine dans la Philosophie, et même dans l'*Histoire de France;*—*Noël,* le *Mythologue* et le *Bibliothécaire des Romans;* — l'*abbé* Marin, à la fois, *auteur* dramatique, *censeur* de la librairie philosophique, et *Directeur de la Gazette de France;* — *De Gua,* qui croyait trouver, dans le Languedoc, des mines d'or, où il faillit se tuer, et mourut de misère; — *Halma,* trop *Grec* ou trop *Egyptien,* pour être Romain....

Faux Clergé, clergé philosophe nombreux; plutôt envié

Tous les despotes, tous les usurpateurs, anciens
ou modernes, ne sont pas autre chose, au fond,

---

que méprisé par l'autre, et gros du clergé Constituant et
Révolutionnaire, qui ne fit pas défaut dans ces qua-
rante-sept Evêques et trente-six *Abbés* proprement dits,
Bénéficiers d'*abbayes* (quatre-vingt treize en tout), la
plupart aussi malavisés, même dans leur courage ou
leur résignation, que les deux cent quatre-vingt-dix ecclésiastiques *du second ordre*, qui les trahirent presque
tous. — Tous, ce semble, assez bien représentés par :
— Ce *Cérutti* que nous avons signalé ailleurs ; — son
ex-confrère *Deleyre*, fils d'un *huissier* au Parlement
de Bordeaux, ayant qualité pour publier le *Génie* de
Montesquieu, mais non pour traduire en vers *Lucrèce :*
mort ignoré, et dans le besoin , peu après. — Et ce
Sieyès, chanoine et vicaire général de Chartres, le *Rousseau en action*, qui commença par voir *toute* la nation
dans le *Tiers* seulement, qui devait le faire Constituant ;
et bientôt dans le *Seul* (Bonaparte) qui le fit successivement *Consul* avec lui , *Sénateur* sous lui , et enfin
comte, pour en finir de sa personne comme des *Chartes*
de l'homme, qui en avait toujours *une* (au moins) *nouvelle dans sa poche*. — Et ce *Grégoire*, où Talleyrand
lisait *Roi égorgé*.— Et ce *Brienne*, que nous avons vu
aux Gardes-des-sceaux coupables et malheureux. — Et
ce *Talleyrand*, qui devait survivre à toutes les apostasies, comme pour les rendre, en lui et par lui, toutes plus
odieuses.— Et ce Savines, surnommé le *Jean-Jacques*

que des parjures (III. ROIS, VIII, 31 ; — JÉRÉM, VI,

---

du Clergé, mort à Charenton.— Et même ce *Maury* (*)
qui, *élevé* mal par la double *Eloquence* de la Chaire et
de la Tribune, *tomba*, de chute en chute, du plus beau

(*) Ainsi, le *père Duchêne* (Hébert) ne manquait
pas de coup d'œil, lorsqu'il publia en 1790, en même
temps que les *Lettres B... patriotiques de la mère Duchêne*, des libelles intitulés : *Vie privée de l'abbé
Maury* ; — *Petit carême de l'abbé Maury, ou Ser-
mons prêchés dans l'assemblée des envoyés.*—Seulement, le père Duchêne avait prêché *sans son hôte* ; et,
comme il avait prêché, lui aussi, simple *valet de chambre*, seulement après, et peut-être moins que tel faux
abbé de boudoir, il fut envoyé lui-même à l'échafaud
qu'il avait dressé pour d'autres ;—et une Religieuse, qu'il
avait séduite et épousée, la *Mère Duchêne*, y fut conduite après lui. — C'est une Loi de la Justice temporelle
de la Providence, prouvée, en dernier lieu, par toute
l'*Histoire de la Révolution* française, que les enfans des
Prêtres Mariés, et surtout avec des Religieuses, sont
maudits, même dans le monde..... Il en est un de nos
jours, presque illustre, religieux et éloquent, auquel on
pourrait porter *le défi* de parler *sur*, *pour* ou *contre
la Religion*, et à plus forte raison le *Clergé*, et surtout d'être *Ambassadeur* à Rome, et même ailleurs,
dans la seule terreur de son *souvenir*, ou de celui des
autres.— Il en est résulté un très habile homme *manqué*.

9; — ZACH. , v. 3 , entre lesquels on distingue en-

Siége de l'Église Romaine, au plus bas de la cour de Bonaparte (l'*aumônerie* de Jérôme), et au plus bas de l'académie.—Et ce *Montesquiou*, qui se crut un *Montesquieu*, et mourut de nos jours accablé, et, ce qui est pire, ridicule sous le poids de ses deux générations : la *Charte* de 1814 , et M. *Guizot* de 1844.—Et cet *abbé* Lindet, qui vota (aussi bien que son frère l'avocat, surnommé par Brissot la *hyène*) la mort du roi, et cela pour être *Evêque*, mais aussi le premier qui se maria. — Et ce *Dom Gerles*, l'homme de la *Théos*, qui, le premier, demanda l'abolition de l'Eglise à la *Constituante*. —Et ce *Gobel*, fils d'un juge de Colmar, (les grands insurgés et insurrecteurs contre l'Eglise, les Socin..., appartenaient à la légisterie), auteur d'une brochure sur la terrible *Mort de Voltaire*, archevêque intrus de Paris, abjurant le sacerdoce, avec tout *son clergé*, à la barre de la Convention en 1793, mais venant aussi (... par bonheur Converti), à l'écbafaud, le 13 avril, avec ce *Simond*, qui avait voté la mort du roi, comme Grégoire , de loin et *par procureur* ! et avec *Chaumette* , surnommé l'athée.

Et ces *abbés* de l'ancien *Juilly : Fouché* , *Billaut-Varennes, Bailly*, etc.; — et cet *abbé Audrein*, maître de Robespierre, comme *Porée* l'avait été de Voltaire, à *Louis-le-Grand*, assassiné dans la diligence, en allant prendre possession de l'*évêché* de Quimper;— et cet *abbé de Torcy*, auteur d'un *Accord de la république* et de

core précisément les plus fourbes, les plus ingrats,

---

l'Église; — et cet *abbé Poultier*, chantre *de Galathée*, Votant et *Théophilantrope;* — et cet abbé de *Moy*, curé de Saint-Laurent de Paris, rédigeant, pour le Ministère de l'*an IV*, un *Accord de la religion et des cultes, chez une nation libre*, lequel fut envoyé dans toutes les *Paroisses* de France ; — et ce *Chasle*, chanoine de Chartres, devenu général de brigade ;—et ce d'*Espagnac*, ex-Chanoine de Paris et *agioteur*, exécuté avec Danton ;—et cet *abbé Vilate*, historien des *Mystères* de la *Théos*, et Juré au tribunal révolutionnaire, sous le nom de *Tiberius Gracchus*, exécuté ;—et ce *Jacques Roux*, se nommant le *prédicateur des sans-culottes*, qui se constitua le bourreau proprement dit de Louis XVI au Temple, et vint se flatter à la Convention : *de n'avoir pas quitté Capet des yeux, jusqu'à ce qu'il eût vu tomber sa tête;...* sauf, à son tour, à se frapper de cinq coups de couteau, et à se voir transporter *couvert de son sang* aux prisons de *Bicêtre...* où il expira quelques heures après...— Et ce capucin *Chabot, de Saint-Geniez,* qui obtint le décret de translation de *Notre-Dame* de Paris en *Temple de la Raison,* et se maria... à une *Autrichienne,...* comme Capet; qui demandait, le 13 septembre 93, une *loi* contre les émigrés, *si simple qu'un enfant pût en envoyer à la guillotine;* et qui venait à moitié nu, et comme en boucher, à l'Assemblée,... N'ayant pu s'empoisonner avec du *sublimé* que lui avait administré sa femme, et qui le fit souffrir jusqu'à pousser des hurlemens entendus de toute la prison, il pria le docteur *Saiffert* de lui donner du

les plus perfides : En Égypte, les Pharaons (EXOD.

---

contre-poison, ce qui lui permit d'aller à l'échafaud quelques jours après, et par une sorte de patriotisme *conventionnel,* avec les deux barons *autrichiens,* ses beaux-frères !—Et cet *abbé Lamourette,* compatriote de Robespierre, et *son bras* dans l'église de France, évêque intrus de Lyon (où son prédécesseur *légitime* fit cent fois plus de mal que lui), auteur de *Prônes civiques* ou *le Pasteur Patriote,* envoyé à la mort par le même Dumas, auquel il avait jadis donné le *Baiser d'Amour;* — Et ce *Boyer Fonfrède,* (le père du journaliste mort infortuné), qui, de *Prêtre de la Mission,* devint Votant contre Louis XVI et Président de la Convention,... sauf à monter à l'échafaud avec vingt Girondins, lui en chantant : *Plutôt la mort que l'esclavage;*—Et cet *Abbé Tondu...* du collége de *Louis-le-Grand,* qui rougit bientôt de son nom et de son caractère, journaliste et militaire sous le nom de *Lebrun,* révolutionnant le pays de Liége, pour revenir à Paris... employé et bientôt *Ministre des affaires étrangères,* signer et signifier au Temple, comme *Pouvoir exécutif* (quelle magie de termes!) l'arrêt de mort de Louis XVI;... mais aussi pour être mis à mort lui-même par un *Pouvoir* encore plus *exécutif!!!* — Et cet *abbé Fauchet* de la Nièvre, auteur d'un *Accord de la Religion et de la Liberté,* qui appela Jésus-Christ « *Ci-devant Christ* », ce *Fauchet* qui figurait *en armes* à la prise de la Bastille, le 14 *Juillet,* et qui alla, désarmé, un autre 14 *Juillet,* à l'échafaud!!! — Et ce *Manuel,* ex-

VIII, 8, 15, etc.);—chez les Juifs, Saül (I ROIS. XIX,

Prêtre de la Doctrine Chrétienne, se nommant lui-même l'*Ennemi des Rois, Procureur de la Commune*, promoteur hardi du 10 *Août*, et même du 2 *Septembre*, qu'il appelait la *Saint-Barthélemi du peuple* ; mais aussi assassiné par une bande de furieux, laissé pour mort à Montargis, longtemps avant les autres régicides, puis relevé et traîné à Paris avec assez de forces pour venir effrayer de ses cris la conciergerie, et s'entendre dire : « Vois, malheureux, le sang que tu as fait répandre ; il s'élève contre toi » ; et se faire traîner (la force lui manqua pour y monter) à l'échafaud de Novembre 93.

Et, pires ou non que tous les autres, les Proconsuls :— les *Abbés Schneider*, à Strasbourg ; — *Lebon*, à Arras ; — *Duquesnois*, à Metz (il se poignarda en prison); — *Laplanche*, à Bourges et à Saint-Lô ; — *Ysabeau*, à Bordeaux ; — *Chabot*, exécutés en 1794, aussi bien que le jeune Capucin, célèbre comme poète sous le nom de *P. Venance.*

Et leurs survivans *:* les *Abbés Fouché,* la *Police* incarnée ; — *Louis*, secrétaire perpétuel du *Trésor ;* — *Daunou, Fantin* et *Soulavie,* les plus misérables et les plus fourbes conspirateurs contre... l'*Histoire de France.*

Abbés de l'une ou l'autre de ces catégories, en Italie ou en France : — *Jacquier*, « surnommé l'incrédule de Rome », m'a dit le baron Desgenettes, plein de foi, comme son parent de Notre-Dame-des-Victoires; — *Jean Jacobin* Casanova, l'intrigant et le grand duelliste euro-

6); — et, à la fin, la plupart des grands Prêtres, intrus : Eupator (1 MACH. VI, 62);—Alcime (*Ibid.*

---

péen ; —*Galiani* (auteur du *Dialogue des Femmes*);—*Monti*, l'*Homère* de *Basseville*; —*Ricci* et *Tamburini*, les *trompettes* du Jansénisme résurgé dans le Milanais, renégats scandaleux, dont le Camaldule Capellari, aujourd'hui Grégoire XVI, a fait si heureuse justice, dès 1799, dans le *Triomphe du Saint Siége contre les Novateurs, battus par leurs propres armes.*

Abbés-Militaires : — Abbé *Alary* (autre que celui non moins mauvais de la cour de Louis XV), surnommé *le brave des braves*, à l'armée de Condé ; — l'abbé *Jagault*, le *Vendéen;* —l'abbé de *Folleville*, curé Breton, fameux autre homme de ce genre, qui ne faisait pas difficulté de se forger un bref de *Vicaire Apostolique dans l'Ouest*, et un *Brevet* d'*Évêque d'Agra*, mais qui les expia sur un échafaud, à Angers, au mois de janvier 1794; — L'abbé *Brottier*, petit neveu d'un *grand* oncle, et *Leclerc*, conjurés avec La *Villeheurois* et *La Barbarée*, etc., pour *enlever* le *Directoire*, et s'en aller mourir ensemble à *Sinnamari*, la grande *Cellule* homicide de la révolution ; —l'*abbé Lafon*, le *Girondin en froc*, dont la tête fut mise à prix, etc.; — Bernier, le *Chouan*, complice de la mort de Marigny (*) ; — et cet

---

(*) Les Prêtres-*Lieutenans-généraux* de l'Espagne, plus *Catholique*..., en apparence, que la France, font peut-être d'autant plus de mal à leur patrie et à eux-

5

VII, 15);—Démétrius (XI, 53);— Typhon (XIII, 15,
19);— Andronique (II MACH. IV, 34); — les gens de

étrange abbé de *Montgaillard*, qui, de prêtre et de
grand vicaire de l'archevêque de Bordeaux, tomba de
chute en chute, et fut successivement voyageur en Espagne, en Afrique, à Londres, en Allemagne, conspirateur
royaliste, puis impérial avec ses frères, commis aux four-
rages, financier à la suite de Beugnot en Westphalie;
puis, ne pouvant plus autre chose, *Historien* et calom-
niateur *de la France*; et enfin auteur d'un testament impie, et sa personne suicide !

Un prêtre, le plus bizarre de tous, qui survécut à tous
les *Constitutionnels*, ordonna les derniers Romains de sa
petite secte (*Auzou*, *Blachère*, etc.), publia, en 1831
encore, un *Moyen de nationaliser le clergé en France*,
et voulut *mourir* sans prêtre, seul, et comme il a dit :
Episcopalement et *Constitutionnellement*.... *Poulard*
enfin, s'il faut l'appeler par son nom.

Les humbles et très-humbles *abbés* impériaux : — de
Pradt, l'*Aumônier du Dieu Mars; — Barral*, souve-

---

mêmes, qu'ils sont plus victorieux. Le *Père Gil*, chef,
on peut le dire, de l'une des grandes insurrections de
son pays, lui survécut à peine; et le chaleureux Curé Mé-
rino a peut-être fait plus de mal à don Carlos que l'infâme *Maroto*; — à la suite desquels se trouvaient les autres abbés infidèles, secrétaires d'Inquisition : *Marchena*,
Llorente, etc.

Joppé (XII, 3); — les Antiochus en Syrie (I. MACH. VI, 62); — Ceux-ci, comme tous les autres, punis

---

rain pontife... du *Champ de mai*; — assisté du *cardinal* de *Bayanne*, frappé toute sa vie d'une surdité absolue qui le rendait incapable d'offrir le sacrifice de la Messe! — Et cet Évêque Prince de Constance, ou plutôt ce *Prince* évêque de *d'Alberg*, qui faisait à la fois des traités *De la connaissance de soi-même* et une Tragédie de *Jules César*, un *Code criminel* et un traité *des pierres fines*, une *Ordonnance sur les Ordres religieux* et des *Mémoires de Physique*; et venait assister au couronnement de Bonaparte, recevoir le titre de *Primat* de sa Confédération du Rhin: ... au risque de mourir dépouillé de ses petits états divers, l'année même où Bonaparte fut déchu des grands.—Et ce *Fesch* (*), qui se faisait Pape, et même Antipape, pour *divorcer*, et pour *marier* son grand Neveu (V. la péremptoire réfutation, par un sa-

---

(*) Deux autres ex-*abbés* de ce temps ne lui ont guère survécu que par la grâce du *Journal des Débats*, et de la rue des *Prêtres*; et, dans le monde savant, qu'à la faveur de l'épigramme attribuée à M. de Châteaubriand:

Si l'Empereur faisait un P. | Et le Sénat aspirerait
Geoffroy dirait qu'il sent la rose; | A l'honneur de prouver la chose.

Les évêques de l'Empire, longtemps ceux de la Cons-

presque immédiatement de mort violente (vii ,
1-4 (*); — Tibère, dont les *oraisons* au sénat dégé-

---

vant Grand Vicaire de Lyon, de son *Histoire* ridicule
par un abbé *Lyonnet*); et qui, sans la mort,... aurait
sacrifié à jamais l'Église de Lyon, comme Bonaparte eût
fait l'Église de Rome et la France, à son amour propre!

Je ne voudrais que cette suite de pères, pour tuer leurs
derniers enfans fameux dans l'opinion des autres, et faire
trembler et bientôt rougir dans la leur : — et ce *Châtel*,
qui ne trouve même plus de victimes dans le plus vil peuple; — et ce *Strauss*, qui a fait pire que Judas, car celui-
ci n'a nié et trahi le Sauveur que durant sa vie, et l'autre le nie et le trahit après sa résurrection, et contre dix-
huit siècles de preuves accumulées ; — et cet abbé *de la
Mennais*, qui a perdu jusqu'à *son nom* de famille à son
apostasie !... Mais nous avons prédit le premier, et nous
prédirons le dernier, son retour.

C'est le propre du *Prêtre* de ne mourir *jamais* dans
l'impénitence finale...

(*) Les anciens *Grecs*, religieux comme les *Romains*,
allaient jusqu'à faire du parjure une justification du régicide : « Je ne puis, dit Mirabeau dans ses *Lettres de cachet*, je ne puis m'empêcher de citer ici la belle *Inscrip-*

---

tituante, mouraient souvent dans l'impénitence constitu-
tionnelle : comme ce *Raymond*, évêque de Dijon, qui
avait permis jusqu'à la violation de l'abstinence du *Vendredi*, et qui fut trouvé mort un matin dans son lit!

néré furent les modèles de celles de Cromwel au *Long* parlement, selon Villemain lui-même ; —Hérode, le *trompeur* des Mages, et le *Judas de l'enfance* du Sauveur, comme un autre Hérode le fut de son âge mûr ; —Néron, le meurtrier des *derniers Romains* de son temps, Pison, Mella, Thraséa, de ses illustres maîtres Sénèque et Lucain, et même de sa mère ; —Dioclétien, ami apparent des chrétiens la veille, et leur persécuteur horrible le lendemain,... vrai Julien avant Julien l'apostat ; — Mahomet, l'imposteur des imposteurs, dont nous avons vu ailleurs le châtiment.

Et dans l'ère nouvelle, en France, *Louis XI*, le

---

tion que les Arcadiens firent graver sur la colonne qu'ils érigèrent dans le temple de Jupiter-Lycéen, après avoir mis à mort leur roi Aristocrate, traître envers la patrie. « *Les rois parjures sont punis, tôt ou tard, avec l'aide* « *de Jupiter.* On a enfin découvert la perfidie de celui qui « a trahi Messine , tant il est difficile aux parjures d'échapper à la vengeance des Dieux. Grand Jupiter ! « louanges et actions de grâces vous soient rendues : protégez l'Arcadie.» (PLUT. *in Arist.* et *De será Num. vindictá.*) Voilà ce qui fut consacré aux Dieux. Voilà aussi, pour le dire en passant, une preuve de l'exactitude de tant d'écrivains qui ont avancé que le supplice de Charles premier d'Angleterre était un fait inouï dans l'histoire. »

dissimuleur par excellence; — *Charles IX*, le roi titulaire de la tant perfide Saint-Barthélemi (*).

(*) Bonaparte, qui s'est montré vraiment perfide dans l'arrestation du duc d'Enghien, dans celle de la Maison d'Espagne, et dans celle de Pie VII, qui avait été si généreux pour lui..., fut un souverain à la fois parjure et cruel. Nous savons assez ses châtimens.

Et Louis XVIII, qui prêta, si nous ne nous trompons, un serment de l'acabit de Philippe l'ancien, à une *Assemblée* dont faisait partie Ney, qui lui rendit la pareille, Louis XVIII, qui, depuis même, avait promis, ou laissé promettre la vie à Ney comme aux autres, dans la Capitulation de Paris, a régné, nous l'avons vu, sans gloire aucune, et même avec malheur.

(Le premier écrit échappé à ma jeunesse, et qui était gros de tous les autres, avait précisément pour objet de faire à cet infortuné Maréchal une excuse péremptoire de son retour à la fidélité à son premier maître. Eût-il, comme on l'a dit, baisé la main au second le 19 mars, il commit le crime de la vertu, et on peut, jusqu'à un certain point, lui appliquer le vers :

Le parjure est vertu quand le serment fut crime).

Je reviens aux paroles tant et si peu constitutionnelles de Louis XVIII : «Sûrs de nos intentions et de notre conscience, nous nous engageons, devant l'Assemblée qui nous écoute, à être fidèle à cette charte, *nous réser-*

Mêmes mœurs au delà du détroit : — *Henri* VIII, le parjure à toutes *ses* femmes, comme à tous les fidèles; — *Élisabeth,* parjure à tous ses hommes, comme à Marie Stuart, comme « aux 400 royalistes ou catholiques par année qu'elle livrait au bourreau », selon le calcul de Benjamin Constant; — *Cromwel,* qui rendit jusqu'à 14 *Ordonnances* sur le

----

vant d'en Jurer le maintien avec une nouvelle solennité devant les Autels de Celui qui pèse dans la même balance les rois et les nations. » (*Préambule* de la *Charte*). — « Le Roi et ses successeurs jureront, dans la solennité de leur Sacre, d'observer fidèlement la présente charte. » (art. 74.)

Nous réservant de jurer !... ne pourrait-on pas dire que Louis XVIII, en vivant tranquille et *fainéant,* près de dix années après la promesse de Serment qu'il faisait à Dieu, et sans songer seulement à l'accomplir, a été bien autrement *parjure* que ne le fut son frère cinq ans après?

Nous réservant de jurer! peut-être a-t-il bien fait de *se réserver.*

« Le successeur du roi jurera *dans la solennité de son Sacre* »?... peut-être Louis-Philippe, qui est un *successeur* de ce genre, apparemment, a-t-il fait encore mieux de rayer les six derniers *mots,* de ne *jurer* que simplement,... et d'ajouter les *mots* suivans : « La *charte* demeure confiée au... *patriotisme* des *gardes* Nationales. La France reprend *ses couleurs.* » Par là, en effet, la

Jeûne; — *Guillaume* III, enfin, le parjure à son beau-père, et la cause, ou plutôt l'occasion, de tant d'autres parjures de famille et d'état (*).

---

charte et la royauté nouvelles ne pouvaient que s'en trouver mieux : *Vérité*!

(*) Guillaume commença par prêter, entre les mains du plus grand administrateur et du plus vertueux qu'ait eu la Hollande, **With**, le *Serment* proprement dit « de ne *jamais* essayer de rétablir le Stathoudérat, et de le refuser, quand même il lui serait offert. »—Il viola ce premier Serment, qui devait être ses *premières amours*, jusqu'à laisser *mettre à mort* le grand homme vertueux auquel il devait tout , et principalement le pouvoir de le remplacer!

Duport du Tertre *flétrit* les divers parjures de Guillaume dans un volume de sa remarquable *Histoire des Conjurations célèbres* , « dédiée à S. A. R. le duc d'Orléans , Premier Prince du Sang »…: Celui-là même qui allait fournir la plus infâme des *Conjurations*, à la continuation du livre!

Après la grande perfidie du prince d'*Orange*, Duport du Tertre flétrit les grandes et les petites perfidies à la suite. On y voit en relief deux infidélités, et deux habiletés magnifiques ; et celles-ci appartiennent… à la France!

« Le Roi avait fait planter au haut de son palais de Witehal une grande perche, au bout de laquelle était *une girouette* pour observer les vents, et pour connaître le moment du départ des Hollandais. On ne tarda pas à apprendre qu'ils étaient en mer. *Mylord d'Harmouth*,

Et les Frères ou les Cousins de rois, parjures de seconde majesté ; entre lesquels on distingue,

---

homme de naissance, que Sa Majesté Britannique avait comblé de bienfaits, et qui venait d'être élevé à la dignité d'Amiral, fit voir par sa conduite qu'il n'était rien moins que fidèle à son Maître ; il alla mouiller à deux lieues de l'embouchure de la Tamise. Un vaisseau marchand qui passait, rapporta que seize navires hollandais étaient à l'ancre en pleine mer, que le reste de leur armée navale était près de la Brille, et que leurs vaisseaux avaient beaucoup souffert par une tempête. Leur flotte n'était composée que de 44 navires de guerre, dont la plupart ne portaient que 36 pièces de canon, et peu de Matelots. C'était une belle occasion d'attaquer les Hollandais ; mais d'Harmouth ne jugea pas à propos d'en profiter. Il faisait tenir presque tous les jours le conseil de guerre, plutôt pour connaître les dispositions des officiers, que pour se disposer à combattre.

« Il y avait sur la flotte anglaise un Français, appelé le marquis de Quérian, de la province de Bretagne. C'était un fort bon officier, qui aurait pu rendre de grands services, si on avait voulu suivre ses conseils. On le consulta pour savoir quel parti on devait prendre, et on le pria de donner son avis par écrit : « Il me semble, Messieurs, « que pour empêcher la descente des Hollandais, il faut « quitter le lieu où nous sommes et aller à la Brille, où « la flotte ennemie est à l'ancre, et croiser le plus près de « terre qu'il sera possible ; car, si nous restons dans la

5 *

grands *Types* de ce genre :—le Connétable de Bourbon, que l'iniquité de la duchesse d'Angoulême ne

---

« Tamise, nous ne pourrons empêcher le prince d'Orange
« de faire mettre les troupes à terre, ou en Écosse, ou au
« Nord de l'Angleterre : d'ailleurs il lui sera facile de
« venir nous combattre, et tandis que nous serons occu-
« pés à nous défendre , ceux de ses bâtimens qui sont
« chargés de troupes avanceront toujours , et la descente
« se fera sans difficulté; au lieu qu'en croisant, nous in-
« quiéterons nos ennemis, et les empêcherons d'approcher
« des côtes. Si nous nous trouvons sous le vent de la flotte
« hollandaise, il faudra éviter le combat, parce que nous
« aurions du désavantage, et nos brûlots deviendraient
« inutiles : mais en cas que nous ayons le vent sur les
« ennemis, il sera alors à propos de combattre, surtout
« si la mer est agitée ; car pour lors la batterie basse des
« vaisseaux hollandais ne pourrait leur servir, ce qui se-
« rait extrêmement avantageux pour nous. Il me paraît
« nécessaire aussi d'attaquer les seize vaisseaux qui ont
« séparés du reste de la flotte; et d'y attacher nos brûlots
« qui peuvent aisément les détruire ; après cette expédi-
« tion, il faudra fondre sur le gros de la flotte et tâcher
« d'y mettre le feu. Si les ennemis veulent éviter ce péril,
« ils se jetteront dans un plus grand ; car, étant obligés
« de couper leurs cables, ils se fracasseront en s'appro-
« chant les uns des autres, ou iront échouer sur les côtes.
« Supposé qu'on ne veuille pas commencer les actes
« d'hostilité , et qu'on se contente d'examiner la manœu-

fait que rendre plus criminel, le faisant vindicatif.
« L'empereur lui donne le commandement de ses

« vre des Hollandais, en ce cas il faut mouiller aux Dunes
« et observer les ennemis de fort près, ou bien se mettre
« en quelque rade d'où on puisse sortir avec toutes sortes
« de vents, afin de s'opposer à la descente des Hollan-
« dais, et de leur livrer le combat. »

« Le marquis de Quérian s'apercevant que l'amiral et tous les officiers trahissaient le Roi, avertit S. M. Jac_ ques donna ordre à d'*Harmouth* de combattre les Hollandais, à quelque prix que ce fût; mais le perfide amiral se contenta de tenir un conseil de guerre, qui empêcha qu'on ne mît à exécution les ordres du roi. *Il leva le masque et livra la flotte anglaise au Prince d'Orange.* Celui-ci, après avoir essuyé une tempête, qui l'obligea de rentrer dans les ports de Hollande, se remit en mer, et arriva dans la rade de Torbai, où le débarquement se fit, le 5 novembre 1688; il marcha vers Excester par un temps fort pluvieux, et par des chemins très-incommodes.

« Le premier hommage qu'il reçut à son arrivée, fut de la part d'une vieille femme qui vint lui présenter trois grosses pommes dans une corbeille de jonc. Un Anglais qui se trouvait alors à côté du prince, lui dit : Monseigneur, ces trois pommes sont une représentation des trois royaumes d'Angleterre, d'Écosse et d'Irlande, qu'on viendra offrir dans quelques jours à votre Altesse.

« Le marquis des Porcelets, gentilhomme français,

armées, et lui promet en mariage Éléonore sa
sœur, veuve du roi de Portugal. Mais un seigneur

---

avait fait sentir combien il était important de tomber
tout-à-coup sur les ennemis : mais les généraux anglais
ne furent pas de ce sentiment. Il suffisait qu'un Français
donnât un conseil pour qu'il ne fût pas suivi. L'ambassadeur d'Espagne ne put s'empêcher de dire au résident
de Hollande : *Si on avait voulu croire un Gentilhomme
Français, vous étiez tous perdus.* En effet, les troupes
du prince d'Orange ne consistaient que dans quelques
Huguenots réfugiés et dans un vieux régiment suédois.
Le reste était composé de soldats hollandais qui étaient
en assez mauvais état.

« Les deux armées n'étaient pas éloignées l'une de
l'autre. Il y avait tout au plus douze à *treize* mille hommes dans celles du prince d'Orange ; mais elle augmentait
tous les jours considérablement par la désertion des Anglais qui abandonnaient leur Roi pour prendre le parti
d'un usurpateur. Jacques passa un jour à travers son armée, et dit : Ceux qui ne voudront pas combattre pour-
ront se retirer. Alors, tous les soldats et surtout les *Ir-
landais protestent qu'ils sont prêts à répandre jusqu'à
la dernière goutte de leur sang* pour le service du Souverain.

« Le lord Cornburi, qui avait l'honneur d'être beau-
frère du roi, passa dans le camp ennemi avec trois ou
quatre régimens. La conduite de ce seigneur annonçait à
Jacques II ce qu'il devait attendre des personnes qui lui

Espagnol, le marquis de Villane, ne voulut point
prêter son palais pour y loger le connétable de

étaient les plus chères. Son chagrin fut encore augmenté
par la désertion du lord Churcil qui était un de ses favoris. Voici la lettre que ce Seigneur écrivit au Roi : « Sire,
« on soupçonne rarement la fidélité de ceux qui agissent
« contre leurs propres intérêts. Si j'ai été fidèle à **V. M.**
« dans les temps les plus fâcheux, mes faibles services ont
« été récompensés au-delà de mes espérances ; et il n'est
« *point de Gouvernement dans le monde sous lequel*
« *j'eusse été comblé d'un si grand nombre de bienfaits.*
« Comment accorder la démarche que je viens de faire
« avec les sentimens de reconnaissance que je conserve au
« fond de mon cœur ? Il a fallu des *motifs bien forts*
« pour me déterminer à prendre un parti qui était si peu
« conforme à mes inclinations et si contraire à mes véri-
« tables intérêts. Les mouvemens insurmontables de ma
« *conscience*, et l'obligation indispensable de *soutenir*
« *ma religion*, m'empêchent aujourd'hui de vous donner
« des preuves du zèle avec lequel je vous servirais en
« toute autre circonstance ; mais si je ne puis concourir
« à l'exécution des desseins qui vous ont été suggérés par
« des gens peu jaloux de votre bonheur et de votre gloire,
« je n'en suis *pas moins* disposé à faire, s'il le faut, le
« sacrifice de mes biens et de *ma vie*, pour défendre
« votre personne royale et vos justes droits. » Ce milord
avait eu dessein de livrer son maître au prince d'O-
range. Jacques II , ayant résolu de quitter la plaine de

Bourbon. Guichardin loue avec raison une si noble façon de penser. «Je ne puis rien refuser à votre

---

Salisburi, et de chercher un poste avantageux, Churcil offrit d'accompagner S. M., et de lui indiquer un lieu commode pour camper. Le perfide avait fait mettre les ennemis en embuscade pour se saisir de la personne du roi. Celui-ci, par bonheur, fut pris tout à coup d'un saignement de nez qui l'empêcha de poursuivre sa route, et qui l'obligea de retourner dans sa tente. Les ennemis du roi firent alors courir le bruit qu'il était dangereusement malade. Cette fausse nouvelle ne contribua pas peu à faire perdre courage à quelques-uns des royalistes... Mais le malheureux prince ne ressentit point de plus vive douleur que quand il se vit abandonné par le prince et même par la princesse de Danemarck, sa fille. Celle-ci, en partant de Londres, écrivit à la reine la lettre suivante : « Madame, jamais situation ne fut *plus cruelle* que la « mienne. Partagée entre un père et un époux, je me vois « réduite à suivre l'un pour conserver l'autre. Je me « dérobe à la colère du roi, parce que je ne me sens pas « en état de la supporter, et je n'aurai le bonheur de « reparaître en la présence de mon père, que quand « j'aurai appris la nouvelle d'une heureuse réconcilia- « tion. Le prince, mon époux, n'a quitté le roi que *dans* « *le dessein* d'employer tous les moyens possibles pour « la *conservation de Sa Majesté*, et j'espère que vous « me ferez la justice de croire qu'en suivant mon époux, « je ne suis pas capable de me proposer d'autre fin que

majesté, dit ce cavalier à Charles-Quint ; mais je lui déclare que si le duc de Bourbon loge dans ma

---

« celle qu'il se propose lui-même. Je vois *la défection*
« *générale de toute la Noblesse*, qui proteste qu'elle
« n'a pour but que de délivrer la Religion du danger
« éminent où l'ont précipitée les conseils violens des prê-
« tres de l'Église romaine. Ces hommes inquiets et turbu-
« lens, qui ne consultent que leurs propres intérêts, n'ont
« pas craint d'exposer le roi aux plus grands périls. Je
« suis persuadée que le prince d'Orange ne *désire* que la
« conservation de S. M., et j'espère que tout s'accommo-
« dera sans une plus grande effusion de sang, par la con-
« vocation d'un Parlement tel que le désire la nation.
« Dieu veuille mettre fin à ces troubles, accorder au roi
« un règne plus tranquille, et à moi la grâce de vous re-
« joindre en paix et en toute sûreté. Jusqu'à ce moment
« heureux, après lequel je soupire, je vous supplie de
« conserver les sentimens avantageux que vous avez tou-
« jours eus de moi. L'affliction que m'a causée le départ
« de mon époux m'a mise hors d'état de vous aller voir,
« et de vous donner, autrement que par une lettre, des
« assurances de mon profond respect pour le roi et pour
« vous. » Quand le roi eut appris la fuite de la princesse
de Danemarck, il s'écria, en soupirant : « Anne m'a bien
« trompé, je ne m'y serais jamais attendu... »

Anne a bien trompé le roi, sa *sœur Marie* a mieux encore trompé son père, et même son époux Guillaume. La
femme la plus simple, et surtout la *bonne*, qui doit le

---

maison, *je la brûlerai dès qu'il en sera sorti, comme un lieu infecté par la perfidie*, et par conséquent indigne d'être jamais habité par des gens d'honneur…» A quelque temps et quelques lignes de là, le président Hénault ajoute : « Rome est saccagée, le Pape investi dans le château Saint-Ange. Le Connétable manquant d'argent prend sa marche vers Rome, dont il promet le pillage à ses troupes, il y entre le 6 mai, et y est tué à l'âge de trente-huit ans.» (Le monstre, après avoir commandé le pillage de Rome, l'incendie et le viol, disait à son armée : *S'il y a quelque chose de pire, faites-le*).

Un autre traître de cette époque, égal à celui-là au moins, était le fameux *duc d'Orléans*, devenu *d'Anjou* à la mort de son frère, roi de Pologne, digne fils, ou plutôt le pire des si mauvais fils, de la Médicis, tous morts malheureux comme elle, et avant elle. Le duc d'Anjou était aux Valois ce que

---

plus à son mari, en fait de bien, est toute-puissante sur son mari. — Qu'est-ce , lorsque son mari lui doit *Tout*, et surtout la prétendance quasi-légitime au trône d'Angleterre? — Qu'est-ce surtout lorsqu'il s'agit pour les époux de courir la chance de la honte et même de la vie?… Saint Augustin , qui connaissait le *Cœur* aussi bien que l'esprit *humain*, met le *Crime de la Fille* de Tarquin au-dessus du crime de son *Gendre*, et cela dans la *Cité* même de *Dieu*, le plus beau livre de la littérature universelle, habilement traduit de nos jours par M. Moreau.

plusieurs d'Orléans furent aux Bourbons : perfide.
A la mort de Charles IX, aux crimes duquel il ne
fut pas étranger, et qu'il lui souffla peut-être, il
voulut se mettre la couronne sur la tête au préjudice de son frère aîné. Emprisonné à Vincennes,
il n'en sortit que par la clémence de celui-ci.
Auteur personnel de la mise à feu et à sang du
Béarn d'Henri IV, l'un des moteurs de la *Saint-
Barthélemi*..., meurtrier de Condé désarmé, etc.
Il se mit d'abord à la tête des protestans de France,
qu'il trahit de rechef; — et puis à celle des protestans des Pays-Bas contre Philippe II...; — pour en
être *un jour* roi, à la suite d'un autre traître, le
prince d'Orange, et revenir lâchement mourir
ignoré et comme mendiant dans sa patrie, dont il
avait trahi tout le monde, et mourir dans le sang
comme il y avait vécu !... laissant de fatals exemples à ses derniers neveux :— à ce Régent Philippe
d'Orléans, si fidèle à la *Légitimité* de Louis XV, si
traître à la volonté de Louis XIV mort, plus grand
que vivant ; — à son petit-fils, le dernier et le plus
hideux (*), mais aussi le plus terriblement châtié !

(*) Le Prince de Lamballe, la jeune victime de d'Orléans, n'en fut pas moins le bourreau libre d'une foule de
familles, par lui déshonorées, et dont sa femme était appelée à être bientôt l'expiatrice encore mieux que lui.

Il dut bien être, sinon moralement, au moins politiquement, *un peu* répréhensible, ce bon Duc de Penthièvre, qui

C'est de ces Parjures élevés, et on peut le dire, d'État et de Patrie, qu'il faut dire, comme Claudien

---

ne devait pas sacrifier sa fille opulente à la cupidité du *Palais-Royal,* ni son fils aux sales *libertés* d'*Égalité*..., — et qui mourut, si visiblement de chagrin,... *dans le mois* de la mort de Louis XVI !!

Il y a tels Princes régnans qui furent aussi infidèles envers les Princes : l'Empereur d'Autriche, le Roi de Prusse, le Roi d'Espagne même ; et on sait assez leurs malheurs et les bontes que la Révolution et l'Empire de France leur infligèrent.

Mais, je n'en trouve pas plus juste le Cri de : *Mort à Louis-Philippe !* sur la Tombe de Laffitte (qui, vivant, l'eût hautement désavoué), par M. Garnier-Pagès, que sa Réfutation par M. Granier de Cassagnac, dans le *Globe* du lendemain : « Un jour, a dit le premier, brisé par le triste spectacle des maux de la patrie, tu as cru devoir demander Pardon à Dieu et aux hommes ! Au moment que je parle, tu as paru devant Dieu, *et Dieu t'a absous* (ce que M. Pagès ne sait). Car l'erreur d'une grande âme, qui ne sait pas prévoir le mal, ne fut jamais un crime. Et, d'ailleurs, ne t'ont-ils pas fait expier par *les plus* lâches persécutions, par les plus ignobles calomnies, l'imprudence de leur élévation ? Non ! non ! Laffitte ! ce n'est pas toi qui fus coupable ; les coupables sont ceux qui, *méconnaissant la sainteté du Serment, ont oublié les promesses de Juillet ; ceux qui ont foulé aux pieds le peuple qui les avait élevés ; ceux qui,* portés

des Rufin, des Ministres de l'Étranger de son temps, dont la mort tragique vient, tôt ou tard, absoudre le Ciel :

Abstulit hunc tandem Rufini pœna tumultum ,
Absolvitque Deos...

Les moyens parjures, les traîtres de seconde ma-

---

au faîte au nom des grands principes de liberté, les ont aussitôt reniés. Honte à jamais sur eux! honte sur ceux qui ont oublié leur origine, qui ont *violé les engagements les plus sacrés!* La Justice de Dieu, comme la justice du peuple, est quelquefois tardive; mais un jour viendra où elle s'appesantira sur eux!!! »

« Nous disons, répond le *Globe*, que si la société et la justice tolèrent une pareille excitation à la haine, au mépris du Roi, et à tout ce que la haine et le mépris conseillent, *il n'y a aucune raison pour ne pas voir revenir les jours de Fieschi, d'Alibaud, de Meunier et de Darmès*; nous disons qu'il y a à Doullens, au Mont-Saint-Michel et ailleurs, des hommes qui ont *moins fait que M. Garnier-Pagès* n'a fait en prononçant ces paroles, qui ont effrayé tout le monde; et que, si un tel exemple d'attaque dirigée contre le Roi est donné par un membre de la Chambre des Députés, *on n'a plus le droit de rien dire à un homme du peuple ignorant* et égaré, quoi qu'il dise et quoi qu'il fasse. »

Rien à dire à un homme du peuple ? Il y a à lui enseigner, à lui faire enseigner la Religion, la seule chose

jesté (*), ne sont guère moins malheureux, guère moins odieux. Et, avant tous les autres, et pour ne

---

au monde qui soit *quelque chose*; à la lui enseigner au prix (car tout se fait, même l'esprit, surtout dans un siècle d'argent, avec de l'argent) des trois quarts de nos *Listes Civiles*, au prix surtout de tous nos *Forts détachés*, et des *Chemins de fer* de notre siècle de fer, qui ne font, après tout, qu'exciter tout le monde à sortir de chez soi, et même de soi.

(*) Et les parjures avilis par excellence, tels que les *Oates*, et les *Shaftesbury*, flétris à jamais dans le chef-d'œuvre de Port-Royal, l'*Apologie des Catholiques d'Angleterre*, et même par le plus sage et le plus savant des Protestans modernes, Ancillon : « L'événement qui manifesta dans toute sa force l'esprit de résistance dans le Parlement contraire à Charles II, fut la fameuse Conjuration des Catholiques, qui renfermait le projet d'assassiner le Roi et son frère, celui d'incendier Londres et de massacrer les Protestans. Ces trames réelles ou prétendues furent découvertes et dénoncées par *Oates*, homme perdu de principes et de mœurs. Les plus violens soupçons pesèrent sur *Shaftesbury*, *qui vraisemblablement a imaginé cette conspiration et en a arrangé tous les détails*, ou qui du moins a fait d'une idée vague un plan déterminé, et d'un projet insignifiant dans l'origine, un complot aussi vaste que criminel. *Shaftesbury* était un prodige d'esprit et d'immoralité.»

Il y a des provinces, comme il y a des conditions et des

pas remonter trop haut ni sortir du pays : les *Parlementaires* de presque toutes les époques, et surtout dans tout le cours du XVIII° siècle, surnommés par Voltaire « les ingrats » ; — et depuis, le
Sénat de l'Empire, la veille si servile, et le lendemain si lâche ; — les Chambres les plus reconnais-
santes du Prince, qui en a fait les membres presque ses égaux : — la chambre des *Pairs* du 20 mars ;
— celle des 27 et 28 Juillet, *Brutus et Cassius* as-
semblés, auxquels le Roi put dire, le lendemain, le
Tu quoque de César.

---

temps, naturellement infidèles, et même parjures, comme
il y en a de fidèles : — Les *Normands*, voisins des *Anglais*, et même les *Belges*, voisins de tout le monde : en
regard des *Bretons*, des *Vendéens*, des *Angevins*, qui
reculent rarement devant le devoir ; et, un temps, des
Francs-Comtois, et même des *Francs-Bourguignons*.
— A la place d'Henri de France, et surtout dans la
Grande-Bretagne, qu'on devait plutôt appeler *Grande-
Normandie*, j'aurais éludé les *Normands !* — C'était
assez d'avoir reçu les *Gascons*. — Il est même des peuples, comme des individus, parjures. Le *Serment du Test*,
ajouté en 1672, aux *Serments d'Allégeance* et de *Suprématie* (du Roi sur le Pape), est la *tache* de l'Angle-
terre. Il fut d'abord une Abjuration de la *Présence réelle*.
On y a ajouté depuis une Abjuration du *Sacrifice de la
Messe*, et une *Renonciation au parti du Prétendant*.
C'est la condition *sine quá non* de tous les emplois.

Les Nobles en général, surtout, plus liés, plus sacrés, à la Royauté que tous les autres, lui sont aussi
plus ingrats et plus perfides (*), lorsqu'ils le lui
sont. — Au siècle de Louis XIV, un Maréchal
d'Hocquincourt, passé aux Espagnols, en ressen-
timent d'un grief personnel, et tué presque aussitôt
au siége d'Arras, le 13 juin 1658, comme fut tué à
Leipsick Moreau passé à l'ennemi ; —seulement, il
eut, ce qui manqua à Moreau, le temps de manifes-
ter son repentir. — Au milieu et même à la queue
des philosophes : le duc d'*Aiguillon*, l'infâme *Cosmopolite ;* — le maréchal *duc de Richelieu, corres-
pondant* intime de Voltaire ; —le *duc de Nivernais,*
l'historien des *troubadours ;* — le duc de la *Val-
lière*, compilateur efféminé du *Théâtre ;* — les *marquis* de Pézay, de Saint-Lambert, au *Catéchisme
universel* impie ; — de Chastellux, panégyriste
d'*Helvétius*; — de Ferrières (auteur de *la Femme*);
— de Cubières, de Langle, d'Antonelle, aux fins si
tragiques ; — le comte de *Boulainvilliers*, père du
comte de *Montlosier* de nos jours, auteur de *Doutes
sur les religions ;*—Lauraguais (depuis *duc de Bran-
cas*), dont les *bons mots* libres, et même libertins,
couraient la cour et la ville, écrivain, comme *incrédule*, d'une *Lettre à un Converti ;* lequel mourut

____

(*) Le livre intitulé : *De l'Esprit révolutionnaire des
Nobles en France, sous les 68 Rois de la Monarchie,*
2 vol. in-8°, publié en 1818 par un ancien Magistrat, ne
manquait ni de vérité, ni d'impartialité, ni d'à-propos.

ruiné, mais converti à son tour, « en demandant, dit M. Mahul, les consolations de la Religion » ; — le comte d'*Argental* , quarante ans Conseiller au parlement de Paris, où Voltaire se complut à choisir son *âme damnée* (comme il le nommait); — et cet autre parlementaire, De l'Averdy, le favori, le Contrôleur général des finances de la Pompadour, possesseur de 300,000 liv. de rentes, tout janséniste exalté qu'il était, et envoyé à l'échafaud de 1793.

Tous hommes dont le 14 *Juillet*, le 21 *Janvier* et l'*Empire* ont mis à nu les héritiers (les 27 et 28 *Juillet* 1830, d'autres) : les *ducs* de Biron (Lauzun), Choiseul, Coigny, Larochefoucauld-Liancourt ; — les *marquis* de Villette, de Sillery, de Beauharnais, de Montesquiou, de Dreux Brézé , de Custine, de Saint-Fargeau, de Condorcet, de la Fayette, Dumouriez, d'Aligre : les neuf dixièmes morts sur l'échafaud ; — les *comtes* de Mirabeau ; — de Barras, etc.; — de Saint-Simon ; — et, entre mille autres ingrats vulgaires, que nous avons vus dans le *Manifeste de l'Église Romaine* : — Et les frères *Lameth*, surnommés *les ingrats* par excellence ; — Et ce *marquis* de Château - Randon, votant, dit-il, «*contre Louis le dernier* »; —Et ce *marquis* de Saint-Hurugues, *héros* de Septembre, etc.

Continués, la plupart, dans leurs enfans, sous Bonaparte ; et aussi bien à Rome qu'à Paris, dans les *Princes* Camille Borghèse, Pignatelli, etc.; ingrats à la fois à l'Église comme à l'État : et , en France, dans les *Princes* de Beauffremont, etc., de

la Vauguyon , alliés de rois , contre lesquels *crie-*
ront à jamais plusieurs cent mille livres en or, prêtés en émigration , et qu'ils nient, *roturiers*, à un
de mes frères *noble*, sous prétexte de *Bénéfice...*
d'inventaire!

Mais il est, entre les exemples, un exemple plus
mémorable de Noblesse oubliée et malheureuse,
c'est celui de la Noblesse Parlementaire des Lepeletier de Saint-Fargeau. Son *Histoire* et ses *OEuvres*
sont Mémorables entre celles même des Rois.—C'est
à la fois, par un privilége unique, l'Histoire de la
Royauté, de ses Parlemens, de ses Conventions, et
des grandes Familles par surcroît. Et elle est écrite
par le Frère de Michel Lepeletier. C'est là que Dieu
se montre, comme il se plaît à se montrer, au milieu
de ses ennemis : *Deus in Medio Inimicorum.* **Ps**.
— Michel Lepeletier naquit à Paris, le 29 mai de
l'année 1760... « Il resta *seul* des enfans du premier mariage de son père; s'étant remarié, celui-ci
eut cinq autres enfants, dont moi, Félix Lepeletier,
je suis du nombre, » dit littéralement Félix, en
effet... « Notre famille était parente ou alliée de
toute la haute Noblesse; toutes les portes en furent
bientôt fermées à mon frère. Un de nos parens,
dans une discussion politique à table , *fut* jusqu'à
lever son couteau sur lui avec fureur. Il lui répondit avec tranquillité : *Si vous croyez que cela vous*
donne raison, frappez! ce sang-froid désarma le
furibond... Notre père était président à mortier,
charge héréditaire dans notre famille et dans la

branche des Rosambo. Avocat-général, il avait acquis une grande réputation, par la part qu'il eut à l'expulsion des Jésuites... Le chancelier Maupeou, notre cousin, fut jusqu'à dire au Roi : *Faites couper la tête à Fargeau, et je réponds du reste...* Notre père fit jurer à mon frère la haine de l'arbitraire, avec non moins de force que jadis Amilcar fit jurer à Annibal la haine des Romains; et mon frère a été fidèle à son serment...» — « A sept ans et demi, il lisait la *Genèse...* — « A huit ans, il composa une *Vie d'Épaminondas,* où il racontait, en ces termes, une fin tragique pareille à la sienne : «Un Spartiate, nommé Callicrates, fond sur le héros tête baissée et lui enfonce sa lance dans la poitrine... Il fut porté, dans son camp, au milieu des gémissemens de l'armée. Les médecins jugèrent la plaie mortelle, et déclarèrent que, lorsqu'on arracherait le fer, il expirerait...»— «Mon frère faisait tous ses réquisitoires de mémoire, ce qui donna de la jalousie à Séguier, qui *lisait toujours...* Notre père mourut jeune; la *petite vérole* l'emporta. *A vingt-cinq ans,* mon frère monta à la place de président à mortier, que cette mort laissait vacante. » — Il hérita aussi de près de 500,000 livres de rentes.

On conçoit le rôle que Michel Lepeletier dut jouer et joua dans les Audiences Parlementaires, dans les Lits de Justice, et surtout dans les Séances closes du Parlement, aux années qui précédèrent les États-Généraux et la Révolution. — Les d'É- *prémesnil* et les *Sabathier* n'étaient que les enfans perdus de d'Orléans. Saint-Fargeau en était l'homme.—A l'Assemblée Nationale, l'orateur devait s'éclipser; mais le Représentant de la Noblesse, de la Fortune et de la Magistrature devait grandir. Il devait être à la Constituante (dont il fut le Président), à la Législative, et surtout à la Convention, d'autant plus utile à la Révolution, que sa bonne foi, sa douceur, son désintéressement étaient connus (*). C'était même le hérault de la Philantropie, dans les Discussions et dans les Comités. « La journée du 19 juin 90, remémoration de la Nuit du 4 Août 89, dit son frère, le fit encore remarquer dans la ligne sévère de l'Égalité sociale. Il portait dans le monde le nom *de Saint-Fargeau*. Il monte à la Tribune, et dit : « Quoique possesseur de Marquisat et de Comté, je ne viens pas seulement pour dépouiller ces titres sur l'Autel de la Patrie; l'Arbre de l'Aristocratie a encore une branche que vous avez oublié de couper, je viens l'abattre devant vous, et je signe ma motion : *Michel Lepeletier*, tout court. » L'Assemblée décréta la motion. »

(*) L'Orgueil de Lepeletier, plus secret, n'en était que plus grand, peut-être : « Le duc d'Orléans lui avait promis... une alliance avec sa famille. » — D'ailleurs, il avait dit, le 13 Juillet : « Représentons le peuple, de peur qu'il ne se représente lui-même. » — Et, dès l'ouverture de l'Assemblée, il était resté *seul* avec le duc de Mirepoix,... dans la Chambre de la Noblesse... »

« Lorsqu'il se leva en faveur de l'abolition des droits féodaux à la Constituante, il renonçait à 80,000 livres de rentes. Et, huit jours avant sa mort, serrant la main à Moutonnet, son ancien gouverneur, dans le jardin des Feuillans : « Mon ami, lui dit-il, vous connaissez ma grande fortune; eh bien! je la donnerais de bon cœur, ne me réservant que 1500 livres de rentes, pour voir établir la Liberté et l'Égalité sur des bases *durables.* »

Dans les derniers temps, il avait prononcé un *Discours sur les Provocations au Meurtre par la Liberté de la Presse* (*), où il avait dit : « Je demande, non pas qu'il ne soit pas délibéré; on ne peut mettre la question préalable sur des vues qui tendent à purger la Société d'*un aussi terrible fléau que les provocateurs* au meurtre; mais je demande l'ajournement... »

Saint-Fargeau était surtout partisan de la douceur des peines. Il paraît avéré qu'il avait fait «Serment de ne jamais prononcer la Mort dans les jugemens au Parlement. » Le 20 *janvier* 93, dit son frère, à la sortie de la Convention, il remit encore à Baudouin, pour l'imprimer, un manuscrit intitulé : *De l'Abrogation de la peine de Mort.* —

(*) Félix Lepeletier nous apprend, et je le crois, que l'exécrable assassin de son frère était « un aristocrate, et un *écrivassier* » : ce qui fait du *discours* Lepeletier une nouvelle prophétie.

Il avait été, pendant des mois, le Rapporteur infatigable et perpétuel, et il fut, on peut le dire, l'auteur de ce *Code Pénal* de 91, qui avait comme horreur (c'était le temps et le lieu ou jamais) du sang humain, qui abolissait même la mort pour le guet-à-pens et l'assassinat, et qui la remplaçait dans tous les cas, par *le Cachot.* « Je me rappelle, dit Félix, quelles furent alors les touchantes émotions de son âme. Il ne voyait pas que la gloire du législateur était cachée pour lui sous les poignards; qu'un homme tuerait l'homme qui défendait aux lois même la mort des hommes... »

Il avait fait, toutefois, une exception, *une seule,* et en ces termes : « Le citoyen, *chef de parti*, doit cesser d'exister, moins pour expier son crime que pour la sûreté de l'état. Rome, dans le temps où la peine de mort était réservée aux seuls esclaves, vit précipiter de la roche Tarpeïenne Manlius... »
— « Un jour qui n'était pas loin, ajoute le frère *Félix* (*), l'application de ses principes *pour lui-même*, dans un procès célèbre, deviendra la cause de sa mort. » — Élu par une province de *Bourgogne* à la *Législative*, Lepeletier lui fait une

---

(*) Le même Félix, par un bonheur qui a dû lui paraître providentiel, a pu *autographier*, pour les *œuvres* de son frère, le manuscrit même où celui-ci disait : « Art. 1ᵉʳ. Quiconque aura pratiqué des machinations contre la France, sera puni de *Mort...* »

Adresse, devenue, dit *Félix*, une *Prophétie* : « Où est donc, Messieurs, *la puissance* qui pourrait nous entraver dans notre marche?... Serait-ce des *Ministres perfides*? Une responsabilité sévère les menace! — Des *Prêtres hypocrites?* Notre juste fermeté va bientôt faire tomber ce masque; ils ne seront plus redoutables.—Quelques clameurs dont les échos du Rhin retentissent...? Vous vous êtes couverts de vos armes. — Des *Rois étrangers?* Dans les plaines de *Morat*, chez les Suisses, nos bons alliés, quatre murailles forment une assez vaste enceinte où on lit : « Le duc de Bourgogne, entré ici avec une armée, a laissé ces seules traces.» Ces traces sont les os de 40,000 Bourguignons. » — Élu enfin à la *troisième* législature, à la *Convention*, qui devait faire *feu* sur la monarchie, et même sur la république : « Heureux, s'écrie-t-il, les fondateurs de la république; dussent-ils payer ce bonheur *au prix de leur sang!* » — « Et lorsqu'il disait ces paroles à son cher collègue *Maure*, ajoute encore son frère, il n'avait plus que quatre mois à vivre. » — (*Maure* lui-même n'en avait pas davantage : il fit office de *Pâris* sur lui-même, et ne voulut pas survivre, lui *Épicier* d'Auxerre, à son noble collègue *Égalité* de Paris, député d'Auxerre comme lui.)

Le moment du Vote sur Louis XVI enfin arrive. C'était un fait connu dans l'Assemblée que Lepeletier, avec son caractère et ses précédens, ne pouvait pas, ne voulait pas, ne songeait pas à lui infliger d'autre peine que *la détention...* Et qu'il disposait de vingt-cinq voix à l'Assemblée. « Mais, gagné par le duc d'Orléans (dit la *Biographie* de 1800, la seule où l'on osât dire alors la vérité), pendant l'orgie que donna ce Prince le 13 janvier, il finit par donner tout à coup vingt-six voix de plus aux Montagnards. » —Or, écoutez son *Vote* inoui :

« J'admire Brutus frappant César! Pourquoi? C'est que, lorsqu'il tient en main le pouvoir, *immoler un tyran*, c'est *combattre*. Mais pour Louis (il ne dit pas *Capet*), terrassé et captif, il n'appartient qu'à la loi de le punir... Hasarderai-je toute ma pensée? Si nous prononcions sur le sort de Louis d'une manière contraire à la justice, serait-ce contre Louis que le peuple devrait exercer sa vengeance? Non, car là est la trahison désarmée. Ce serait contre *les mandataires infidèles* de la nation que l'insurrection deviendrait légitime, parce que là seraient réunies *la trahison et la puissance*... Qu'il ne reste plus parmi nous, et surtout dans l'esprit du peuple, *aucune trace du système d'assassinat*, dont la légitimité n'a pu, ce me semble, être un instant supposée que par cette fatalité attachée à la royauté, qui elle-même fut une étrange exception à la raison publique et une longue erreur du genre humain. »—Et « Mon frère vota la Mort... Louis XVI était condamné, mais il vivait encore, et mon frère n'était plus. Simple dans sa manière de vivre, il allait tous les jours chez un restaurateur appelé *Février* au *Palais-Royal* (*). Ce jardin était *aussi* le réceptacle des coupe-jarrets de l'aristocratie... Ce fut chez le restaurateur Février, lorsque mon frère prenait un repas frugal le 20 janvier 1793, à cinq heures de l'après-midi, que le nommé Pâris, ancien garde du Roi, consomma le plus atroce des forfaits.

« Michel Lepeletier était seul à table; Pâris s'informe à la femme Février si mon frère était chez elle. On lui indique le lieu; il y entre, et dit à mon frère : *Êtes-vous Lepeletier Saint-Fargeau ? Oui*, lui répondit cet homme confiant. *Vous avez voté dans l'affaire du Roi; quelle a été votre opinion ? — La*

(*) Toutes les circonstances du meurtre ici sont marquées au coin de la fatalité :—dans le Palais-Royal de cet *Egalité* que Lepeletier avait subi pour *Maître*..; — dans le *Jardin* nommé par décret : *de la Révolution* ; —d'une blessure profonde au *Côté gauche*; — constatée par le chirurgien le plus près, de la rue du *Hasard*; — nommé *Bras-d'Or* ; — frappé le jour même qu'il avait voté la mort de son *Roi* (apparemment parce qu'il n'était *pas un homme*);—de manière que celui-ci put voir passer la justice de ses bourreaux avant celle de Dieu; — mais n'expirant que le jour du 21 Janvier, comme son Roi; — et sans pouvoir, l'un plus que l'autre, demander *Grâce* à personne au monde. — Lepeletier sollicita le premier, et il obtint l'abolition du *Droit de Grâce*, dans l'art. 13 du *Code Pénal* alors encore en vigueur !

Mort, dit mon frère; *je l'ai trouvé coupable en mon âme et conscience, je l'ai jugé ainsi.....* A ces mots, Pâris tire un poignard terrible qu'il tenait caché sous son vêtement, le plonge dans le corps de Michel Lepeletier en disant : *Scélérat ! voilà ta récompense.* Mon frère appelle au secours; le maître de la maison arrive à ce cri, et se saisit de l'assassin. Mais bientôt il le lâche ¡pour ne s'occuper que de la victime, et le sabre, instrument du crime, tombe à terre; l'assassin s'enfuit....

 "Michel Lepeletier sentit son état dès les premiers momens , et avec le même calme qui le distinguait dans sa vie, on le vit dicter lui-même le procès-verbal de son assassinat. Il lui restait peu d'heures à vivre; ce fut à l'amitié qu'il réserva ces précieux, mais bien cruels momens ; il se fit transporter chez moi, à la Place Vendôme (alors appelée Place des Piques).

 « Quoique absent, le bruit public m'eut bientôt apporté cette affreuse nouvelle. J'accours , et ses premiers mots, en me voyant, sont : *Ah! je te revois, mon ami ; regarde en quel état ils m'ont mis, les Traîtres !* Puis il ajouta : *Mon frère, je meurs content, je meurs pour la liberté de mon pays.*

 "Nulle aigreur, aucun sentiment de vengeance, ne souillèrent ses derniers momens. Tout entier à la Patrie et à l'Amitié, ce fut entre elles deux qu'il partagea ses derniers soupirs. Il mourut en sage, comme il avait vécu, avec douceur, calme, et vertu, ne pouvant faire aucune disposition , mais me recommandant sa mémoire et de servir toujours la Liberté.

« Il avait été frappé à cinq heures du soir ; ce fut à une heure du matin que s'échappa son dernier souffle. Il avait reçu le coup de poignard au côté gauche , entre les deux dernières côtes inférieures : *la Blessure était affreuse*, incurable ; *il eut à lutter sept heures contre la mort ;* il la vit arriver et la reçut avec un grand dévouement.

« Telle fut la fin du premier martyr de la Liberté ; il était digne de l'être! »

L'infâme Parisien , l'effroyable Garde-du-Corps Pâris, semble avoir voulu retorquer, contre l'auteur du *Code Pénal* , le titre 1er de la 2e partie : « Lorsqu'un Français , chef de parti , aura exercé des hostilités contre la France, *Chacun* aura le droit de lui ôter la vie; s'il est arrêté vivant, il sera pendu.»

Quoi qu'il en soit, « Arrivé au Panthéon, le corps de mon frère fut placé sur une *Grande Tribune*, et sa plaie toujours à découvert. (Je ne voudrais que cette *Scène* dramatique pour prouver le Dogme du *Sacré-Cœur*.) La Convention Nationale et une foule immense s'empressaient à l'entour... Le corps fut enseveli , embaumé, et descendu dans les *Vastes Tombes* où la *Patrie Reconnaissante* donne place aux Citoyens qui s'étaient *dévoués* pour elle. (Je ne voudrais que cela pour prouver le Fait de Jésus-Christ, qui *se dévoua* bien, lui.) «Deux vieillards, dont les chevelures étaient blanches comme la neige, et versant des torrents de larmes (son doyen valet de

6*

chambre et son intendant), ne quittèrent pas un instant l'ensevelissement du corps et son cercueil.»

— Sa blessure, qui apparaissait à tous les regards, le poignard dont il avait été frappé, fixaient la pensée et firent prêter plus d'un Serment utile à la République, etc., etc. »

(En vérité, on dirait, et peut-être fallait-il, on me pardonnera en tous cas de le croire, que, pour être les deux signes des deux grandes *Révolutions*, l'une Religieuse et l'autre Politique, de la France, les deux Temples des deux Patrones de Paris, *Notre-Dame* et *Sainte-Geneviève*, fussent le théâtre de deux Dieux différens : la *Déesse Raison*, et le *Dieu* Michel Lepeletier.)

... « La mort de Lepeletier rallia pour quelque temps les divers partis de la Convention... Elle rendit à l'unanimité dix décrets plus honorables les uns que les autres pour sa Mémoire.» On dirait que la Révolution se repentit de son union accidentelle : «... Dans la Réaction, ajoute *Félix*, un Décret, qui n'accordait le Panthéon que dix ans après la mort, fit sortir, par un effet rétroactif, les restes de Michel du Temple de la Patrie ; son corps me fut honorablement remis par M. Garat, et il fut transporté à Saint-Fargeau, dans le caveau de notre *Chapelle* » :

Le Christianisme n'est pas *Ingrat* comme le Panthéon.

Michel Lepeletier fut trop cruellement puni de

ses oublis de Noblesse et de Magistrature, lesquels, à notre avis, n'eussent mérité qu'une leçon de logique. Sa famille tout entière le fut encore plus que lui. Il ne paraît pas que sa femme ait été heureuse, même avant le 20 janvier 93; car son frère, son biographe minutieux, ne la nomme même pas. La fille unique qu'il en eut avait huit ans lors de sa mort. Ce fut encore son frère, Félix, qui vint, le 21 Janvier, à la barre de la Convention avec elle, la prit et l'enleva dans ses bras, en disant : « Peuple français, voici votre enfant; enfant, voici votre père. ».Et le Président Rabaud, Ministre protestant, de l'adopter, comme *Enfant de la Patrie*.—Quelques années après, cette fille unique, et que son oncle, qui aspirait à sa main, trouva *ingrate* comme la *Patrie*, se maria à *un Étranger*, « fut malheureuse deux années, et sans la Loi du divorce, l'eût été toute sa vie. » Il est probable qu'elle le fut encore davantage ! — *Félix*, lui, tour à tour aide-de-camp du Prince de Lambesc en 89, impuissant à être *Conventionnel*, malgré la fraternelle puissance; *Babouviste*, échappé à la mort à la Haute-Cour de Vendôme; enfermé au Temple après la Machine infernale, par Bonaparte, qu'il n'en voulut pas moins faire déclarer *Sauveur de la Patrie* dans les Cent-Jours; failli assassiné, à trois époques diverses de sa vie républicaine (Voyez sa *Biographie*, visiblement autographe, sous le nom de *Rabbe*); et s'avouant « de plus en plus malheureux, malgré son nom d'*Heureux*. » — Les moins infortunés enfans

de cette grande Race judiciaire sont le *Daniel*, of-
cier des gardes-du-corps en 1814; Amédée, le savant *Entomologiste* ; et l'Avocat du Roi au Châtelet,
en 89, mort l'année suivante, à la fleur de l'âge.

Mais, puisque nous en sommes à faire sentir le
mal *plus grand* fait par la Noblesse, nous pouvons
aller jusqu'à le faire voir ici dans l'assassin aussi
bien que dans la victime. Ce *Páris*, qui voulut se
faire seul Parlement et même Convention contre
Michel Lepeletier, n'avait-il pas, lui aussi, le titre
de Noble?...

« Nous trouvâmes , disent Tallien et *Legendre*,
(l'*ex-boucher*) , délégués *ad hoc* de la Convention,
sur son estomac, deux papiers que nous ne vous
représenterons pas, parce qu'ils sont teints du sang
de ce scélérat, et que nous ne voulons pas mettre
sous vos yeux ce spectacle dégoûtant; mais voici
le second : (il y a des empreintes de vérité et de
dévouement dans cette prose et cette poésie du
crime, lesquelles ont bien pu faire peur à Tallien
et Legendre.) « MON BREVET D'HONNEUR. Qu'on
n'inquiète personne. Personne n'a été mon complice dans la mort heureuse du scélérat Saint-Fargeau. Si je ne l'eusse pas rencontré sous ma main
je faisais une plus belle action : je purgeais la
France du Régicide, du Parricide d'Orléans. Qu'on
n'inquiète personne ; tous les Français sont des lâches (et Vous, malheureux !), auxquels je dis :

Peuple dont les forfaits jettent partout l'effroi,
Avec calme et plaisir j'abandonne la vie,
Ce n'est que par la mort qu'on peut fuir l'infamie
Qu'imprime sur nos fronts le sang de notre Roi.

« *Signé*, DE PARIS, l'aîné, Garde du Roi
assassiné par les Français. »

En regard surtout de ce Maréchal de Broglie, répondant à son fils qui lui conseillait de quitter l'armée des Princes : « Mon fils, si les coups de bâton pouvaient s'écrire, vous liriez ma lettre sur votre dos. MARÉCHAL DE BROGLIE ; » — de ce duc de Brissac, Gouverneur de Paris, massacré à Versailles en 1792 ; après avoir dit : « Je n'ai fait que ce que je devais faire, que ce que je devais aux ancêtres du Roi et aux miens ; » — de ce Maréchal de Mailly, que ses 86 années n'empêchèrent pas d'aller aux Tuileries le 10 *Août*, placer les Suisses, et lui-même, entre les régicides et le Roi ; — de ces deux Princes de Rohan, l'un (Montbazon) qui fut tout de suite Fidèle, jusqu'à l'échafaud inclusivement ; l'autre (*Chabot*) qui ne fut fidèle qu'à la vue du 10 *Août*, et qui demeura en faction à la porte des Tuileries, et jusqu'à celle du Temple, comme Dubouchage, et qui, en sortant de là, s'en alla tomber sous les poignards de *Septembre* ; — de ce marquis de Beauharnais, surnommé le *Féal sans amendement* à l'assemblée Constituante (il avait voté contre une loi de milieu, en disant qu'il *n'y avait point d'amendement* avec l'honneur), et qui avait formé avec Vioménil un projet d'évasion du Roi ; — de ce comte de Précy, de Bourgogne, autre fidèle à la vie, à la mort, au 10 *Août*, le *Héros du siége de Lyon*, à moins que ce ne soit Fouché ! — de Sainte-Marie, de Varicourt, de Valori, les Gardes-du-Corps magnanimes des 5 et 6 *Octobre* ; — de la Porte, le Ministre-modèle de la Maison du Roi, au milieu des Marseillais du 10 Août, dont la majesté devant le Tribunal Révolutionnaire faillit le sauver. Mais le *Peuple*, témoin devenu juge par sa terreur, fit pencher bientôt la *Balance* criminelle, et le courageux ministre fut conduit au supplice, et livra sa tête, le lendemain de la Saint-Louis, comme Du Rosoy, le jour, en disant : *Puisse mon Sang rendre la paix à ma Patrie, et la liberté à mon Roi !* — de ce Maréchal de Mouchi, recevant son acte d'accusation et celui de la Maréchale, qu'il se charge de prévenir. « Madame, il faut descendre, Dieu le veut : adorons ses desseins ; vous êtes Chrétienne. Je pars avec vous ; je ne vous quitterai point. » En le voyant passer, un prisonnier lui dit : « Courage, Monsieur le Maréchal ! » Il répondit : « A quinze ans j'ai monté à l'assaut pour mon Roi ; à quatre-vingts, je monterai sur l'échafaud pour mon Roi ; » — de ces philosophes même, comme Cazotte, qui, monté sur l'échafaud, dit d'une voix forte : « *Je meurs comme j'ai vécu, Fidèle à Dieu et à mon Roi.* »

Et à l'étranger même, dignes des Fitz-James, à

la devise : *Semper et Ubiquè Fidelis* (*), ces Princes de Hohenlohe, surtout *Charles* et *Louis*, surnommés les *Condés*, les *Bourbons* de *l'Allemagne*, si hospitaliers, si généreux, si riches envers les Émigrés Français de tous les partis, et qui, tout parens qu'ils étaient du Roi de Wurtemberg, et malgré les plus brillantes offres de Bonaparte, n'ont jamais voulu servir sa *Confédération du Rhin*. — Et ces Palafox de Melzi, qui faisant toute une grande ville, toute une province d'*Espagne à leur image*, étonnèrent cette *Grande Armée* de France qui ne s'étonnait de rien, et préludèrent, par leur héroïsme, sans égal dans l'antiquité, à la chute d'un homme qui semblait en vouloir au monde.

Mais, il faut ici le dire, et le *crier* même *sur les toits*, il y a tel *Abjurateur* apparent du Calvinisme, tel nouveau ou *Néo*-catholique, qui *occasionne* plus de mal que de bien à la Foi et surtout à l'Église catholiques : — le retour d'Henri IV, par exemple ; — et, à sa suite, celui de l'homme le plus influent, le plus puissant, le plus fameux, le plus heureux, et qui le fut le plus longtemps, de tout son siècle… Je veux parler du Connétable de l'Esdiguières.

(*) Le brave *Régiment de Berwick*, qui *ne mourait jamais* plus que *le Roi*, émigra tout entier pour les Bourbons en 1791, comme il avait fait en 1691 pour les Stuarts.

Voici une page de son *Histoire* qui le fait mieux connaître jusqu'à 80 ans, que son *Oraison Funèbre* par un Saint (François de Sales) ne le fit connaître dans les quatre dernières années de sa terrible, criminelle, et scandaleuse vie de près d'un siècle (*).

(*) L'Historien que nous allons citer n'est pas suspect, il est catholique et même religieux : «.... De l'Esdiguières, Gentilhomme d'une Famille de Dauphiné, où il n'y avait pas quand il naquit six à sept cents livres de rente, devint si riche par ses emplois, par ses charges et par ses épargnes, qu'il laissa en mourant des pierreries à l'infini, une somme énorme en argent comptant, pour six cent mille écus de meubles, et près de *cinq cent* mille livres de rente. Il fut catholique jusqu'à 20 ans, Huguenot jusqu'à 80, puis Catholique jusqu'à la mort. Ses ennemis disaient qu'il n'avait d'autre religion que son intérêt. De simple archer qu'il fut d'abord, il monta par degrés jusqu'au comble des honneurs. Il fit la guerre soixante ans avec un si grand bonheur, que *jamais, à ce que l'on dit, il ne fut vaincu, ni blessé.* Il la fit au roi pour les huguenots, aux ligueurs pour le roi, au duc de Savoie uni aux ligueurs, aux Gênois et aux Espagnols. Il prit par ruse, par force ou à composition, cinquante villes ou châteaux...

« Il était en si grande réputation, que la reine d'Angleterre, la célèbre Elisabeth, disait, que « *s'il y avait eu deux l'Esdiguières en Europe, il n'y a rien qu'elle n'eût fait pour en attirer un chez elle.* Henri IV le fit

Et les pires, en dernière analyse, de tous les par-

maréchal de France en 1608. Louis XIII le fit duc et pair
en 1619, maréchal général des camps et armées en 1621,
et connétable l'année d'après. L'Esdiguières ne brigua
point ces dignités. Le bâton de maréchal, le brevet de
duc et pair, le cordon-bleu, et l'épée de connétable, lui
furent envoyés chez lui, et *on le dispensa d'en venir
prêter le serment.* La haute estime où il était, la confiance entière que les huguenots avaient en lui, les places
fortes qu'il tenait, les troupes qu'il avait sur pied, les
liaisons qu'il entretenait avec les étrangers, son crédit, son
habileté, ses richesses, son expérience, l'avaient rendu si
formidable, que c'était une nécessité ou de s'assurer de
sa personne pour prévenir ses entreprises, ou de l'attacher
entièrement aux intérêts de la couronne. *Arrêter l'Esdiguières dans son Dauphiné, où il était plus puissant* et
plus respecté que le roi ; *qui l'eût osé ?* Et qui en fût venu
à bout ? Dans le peu d'apparence qu'il y avait d'y réussir,
on prit le parti de le gagner en le faisant connétable.

« De sa femme, nommée du Gua, il eut un fils et une
fille. Le fils mourut à sept ans ; la fille épousa le maréchal
de Créqui. Il eut encore deux filles de Marie Vignon,
femme d'un nommé Martel, marchand de soie à Greno_
ble. Cette nouvelle Circé avait si fort enchanté l'Esdiguières, qu'il l'enleva d'entre les bras de son mari, la logea
chez lui, et la fit appeler madame de Moirans, nom d'une
de ses terres ; chose peu *digne d'un vieillard plus que
sexagénaire.* La belle, afin de l'épouser, lorsqu'il fut devenu veuf, fit *assassiner son mari.* Le crime le plus

jures, les **Fidèles**... infidèles (*), les **Prêtres**, les

---

énorme ne fait guère de peine à une femme ambitieuse.
Le meurtrier mis en prison par ordre de la justice, *en fut
tiré d'autorité par l'Esdiguières en personne :* ce qui
fit croire à bien des gens qu'il était du moins complice de
l'assassinat ; d'autant plus qu'il continua de garder la Vignon chez lui, et que peu après il l'épousa....

« Ce connétable, rassasié de biens et d'honneurs, mourut
à Valence le 28 septembre 1626, dans sa 84e année.
Homme comparable aux plus illustres Grecs et Romains ,
s'il eût moins aimé le sexe et l'argent. Il aimait l'un et
l'autre jusqu'à l'excès, et les aima jusqu'à la mort. Sa
Marie Vignon le gouvernait absolument...

« Des deux filles qu'il avait eues d'elle du vivant de
sa première femme , l'aînée fut mariée au marquis de
Monbrun, et la seconde au comte de Sault , fils du maréchal de Créqui et de la fille que le connétable avait
eue de son premier lit. La seconde fille de la Vignon étant
morte sans enfans, Crequi et le connétable firent casser le
mariage de l'aînée , pour la remarier au comte de Sault.
Le comte n'ayant point voulu y entendre , son père, plus
avare et moins religieux que le fils, épousa en secondes
noces la sœur de sa première femme. Le crédit qu'il avait
à Rome et l'espérance qu'il y donnait que l'Esdiguières
son beau-père abjurerait le calvinisme, lui facilitaient les
moyens de faire ainsi impunément tant de mariages incestueux. O. *disait en riant à Rome : A peine un pape
suffirait-il pour donner toutes les dispenses que demandent Crequi et les enfans de l'Esdiguières. »

(*) Il y a, dans ce sens et dans cette catégorie, des Fa-

Evêques, les Cardinaux politiques, et quelquefois les Papes eux-mêmes de ce genre, en laissant, en faisant verser le sang des brebis qu'ils n'ont pas su garder, se constituent les *apostats* par excellence, et les grands ennemis du Dieu de paix et de salut : — les *Cardinaux de Lorraine,* le *Cardinal de Bira-*

---

milles, et même des États catholiques, plus infidèles lorsqu'ils sont infidèles : —les *Guises* en France ;— les *Mé-rodes* dans les Pays-Bas ; — que voudrait continuer ailleurs, que fera éprouver et rendre odieux seulement, leur allié *Montalembert ;* — et, en fait d'Etats : l'Irlande, la Belgique, la Pologne, et même l'Espagne, tous, je pense, assez visiblement malheureux.

Les classes elles-mêmes de la société se décèlent en général aux vices plus particuliers de leur religion, contradictoire avec leur morale :

Les plus rapprochées de l'Eglise et du Presbytère, les serviteurs surtout, les *gens d'église et de sacristie,* comme on les nomme dans un mauvais esprit, sont les pires, lorsqu'ils ne sont pas bons. La Librairie religieuse, et son Journalisme plus particulièrement, qui devraient comme se *donner* aux œuvres de Dieu, sont connus comme les plus cupides et les plus chers ; et ils sont aussi redoutés et méprisés en ces qualités. — Tout le monde vous dira à Paris que les moyennes familles sont décimées par les funérailles, etc., et que tel enfant redoute les suites de la perte de son père presque autant que sa mort elle-même. Les deux meilleures Fables du *Bon Lafon-*

gue, ex-conseiller au Parlement de Paris (étranger à la France à la suite des Médicis);— et le *Cardinal Pellevé* mort *fou*, une année après la Saint-Barthélemi !

Mais il nous faut dire, encore ici, une sorte d'infidèles plus fatals encore à la Religion qu'à

---

taine, que je voudrais voir inscrites en lettres d'or à l'*Hôtel* sacré qui porte son nom dans le faubourg Saint-Germain, sont le *Cerf malade* :

> Il en coûte à qui vous réclame,
> Médecins du corps et de l'âme.

Et le *Curé et le Mort*, dont voici la morale :

> Un Curé s'en allait gaîment
> Enterrer ce mort au plus vite...
> Sur cette agréable pensée,
> Un choc survient : adieu le char.
> Voilà messire Jean Chouart
> Qui, du choc de son mort, a la tête cassée....
> Et le curé Chouart qui *sur son mort comptait*, etc.

Et qui ne sait qu'en presque tout lieu, les familles dévotes, et surtout les *dévots* proprement dits, sont, toutes choses égales, les plus susceptibles d'orgueil et de *fiel?* Tant il est vrai que, même et surtout peut-être dans les bons, c'est toujours le *petit nombre*, qui est vraiment *Fidèle*, et *Élu !*

l'État, et à laquelle il faut revenir pour montrer tous les maux , ou, si l'on veut, toutes les occasions de mal, à la fois : le Prêtre-politique, le Prêtre-Juge, le Prêtre-Inquisiteur et Juge,..... car il est presque toujours, et comme forcément, inique, et trop souvent bourreau ; et, par conséquent, *Apostat.* — Les Juges de Jeanne d'Arc, l'une des Fleurs, l'une des Couronnes, on peut le dire, de la France, et même de la Chrétienté, en sont un mémorable exemple..., encore *inconnu*, comme les plus grandes et les plus célèbres choses. Cette jeune enfant de la Champagne (la meilleure partie, parce qu'elle est la plus pauvre, de la Bourgogne de saint Bernard, le plus grand Royaume et le plus Grand Homme de l'univers), dont le nom d'*Arc*, dont la naissance le jour des *Rois,* dont la profession de *Bergère* de l'*Agneau* , comme David et... Geneviève , dont la foi à *Jhus* et *Marie* (tels étaient les deux premiers mots de toutes ses *Lettres* à Dunois, à d'*Armagnac,* aux Anglais (et son orthographe de *Jésus, Jhus,* comme pour montrer en Dieu l'origine de la justice, du droit), suffiraient seuls à faire la royale et héroïque et bienfaisante histoire... Respectée par les Anglais eux-mêmes, qu'elle avait vaincus (Hume flatte sa patrie de n'avoir eu qu'*un* prêtre, le cardinal de Winchester, et encore dans les assistans, au procès)... elle fut dénoncée , poursuivie , persécutée , questionnée, torturée, mise à mort, brûlée, de sang-froid, non-

seulement par cet *Evêque de Beauvais* (*), ce *Cau-
chon* (il a donné son nom à l'animal judaïque peut-
être !); — mais encore par *Quarante* ecclésiastiques séculiers et mêmes réguliers; — mais encore
par plus de *cent* qui assistaient ou opinaient dans
une *Convention* ecclésiastique, cent fois pire que la
Nationale; —mais encore « par *toute* l'Université »,
alors non laïque; — mais même par un Inquisiteur Général (Frère Jean Graverent), et un vice-
Inquisiteur (Frère Jean Magistri) , tous deux Do-
minicains, envoyés *ad hoc*, en France, par le Pape;
— et enfin, pour qu'il ne manquât rien aux ensei-
gnemens providentiels, dénoncée, et livrée... aux
Anglais, par un Grand du royaume, de la Cour,
un Bâtard de Vendôme, très-bien nommé *Lyon-
nel*, — lequel la *vendit* au Prince de Luxembourg (**): — Mais la plupart aussi morts malheu-

----

(*) En vérité , à beaucoup d'exemples , on dirait que
le *Siége de Beauvais* n'en ait pas été béni. L'abbé *Feu-
trier* s'y est perdu. Et l'abbé *Guillon* a gagné même à recevoir le titre de *Maroc* en indemnité.

(**) Monstrelet raconte qu'en 1433 un détachement de
soixante à quatre-vingts Français furent pris, et pour la
plupart pendus ou tués le lendemain par ordre de Jean
de Luxembourg;........ qu'en poursuivant les fuyards
« plusieurs furent morts et pris; » et il ajoute : « Si fut
ce jour le jeune comte de Saint-Pol (neveu de Luxembourg et âgé de quinze ans) mis en voie de guerrre : car

reux et tragiquement, comme l'ont remarqué tous les Historiens de France (*), « ce qui a même suscité les diverses réhabilitations de l'Héroïne de la Patrie, l'ennemie-née des Anglais, celle-là.

Les deux hommes qui firent le plus de mal à l'État et à l'Eglise de France, et même de Rome, il faut ici le rendre plus sensible, sont les deux hommes qui aspirèrent en France, à réunir, autant qu'il était en eux, le Sacerdoce et l'Empire sur leurs têtes : le Cardinal de Richelieu et le Cardinal de Mazarin. Ils furent plus funestes que le Cardinal Dubois, précisément parce qu'ils étaient mieux nés et plus capables, que la France et ses Rois étaient plus autorisés, et que les temps étaient meilleurs. Les Historiens qui les ont jugés

---

son oncle lui en feit occire aucuns, *lequel y prenoit grand plaisir.* » — Il eut la tête tranchée en Grève, par arrêt du Parlement de Paris.

(*) Et en dernier lieu, les plus savans, les plus consciencieux, les plus philosophiques même : Hénault, Hume, Lenglet du Fresnoy, de Laverdy; et M. Berriat Saint-Prix, le consciencieux *rapporteur* du grand procès, sous le nom modeste de *Jeanne d'Arc, Coup d'œil sur les Révolutions de France,*... qu'il fait très judicieusement *venir* « des d'Orléans, qui, sous le nom d'*Armagnacs* (nom *massacrant*), furent tous massacrés en prison en 1418. »

avec le plus de sévérité et même de passion ne les ont pas assez flétris, parce qu'ils étaient à peine politiques, et qu'il fallait être théologien. — Richelieu, plus coupable que Mazarin, parce qu'il le précéda et le choisit pour le remplacer, fils d'un Capitaine des Gardes, était né pour l'être lui-même, et dut se trouver un prêtre manqué. Évêque à 22 ans, il fut encore mieux un *Évêque* de ce genre. Une Femme étant Roi, c'est une femme, la Marquise de Guercheville, qui lui ouvrit les portes de la Cour, où il flatta tour à tour les deux grands favoris : le Maréchal d'Ancre et de Luynes. Le premier malheur politique fut de faire la guerre à tout prix aux Calvinistes de la Rochelle, et d'en être lui-même le Général. Les autres, qui en étaient la conséquence, furent une guerre intérieure incessante, et à mort, à tous les grands, que l'élévation et les rigueurs d'un Prêtre avaient pu indigner. Et puis une guerre extérieure, pleine d'ambitions, d'iniquités, d'inconséquence : d'abord à l'Espagne, fidèle alliée de la France ; ensuite à l'Italie elle-même, d'où il semblait relever ; — à l'Allemagne, jusqu'à se liguer avec Gustave-Adolphe, le héros de la Réforme ; — et enfin à Charles Ier, auquel il écrivait ces paroles qui furent prophétiques : « Le Roi d'Angleterre, avant qu'il soit un an, verra qu'il ne faut pas me mépriser. » — Son orgueil et son faste surpassaient ceux des Rois : il dépensait 1,000 écus par jour (10,000 francs d'aujourd'hui). Ses Gardes entraient avec lui chez le

Roi ; et il précédait partout les Princes du Sang. Il cumulait les titres les plus hétérogènes de Duc et Pair de Richelieu, de Duc de Fronsac, d'*Amiral de France*, d'Abbé-Général de Cluny, de Cîteaux, de Prémontré, etc. Cependant il faisait demander et obtenait la Pourpre, etc., pour son frère, sorti *ad hoc* de la Grande Chartreuse. Tant d'arrogance et d'attentats n'étaient point effacés apparemment par le relèvement de la *Sorbonne* ergoteuse, la fondation de l'*Académie*, la substitution de ses Drames de *Mirame*, etc., aux *Mystères de la Passion* supprimés par lui, et l'édification du *Palais-Royal*.

Mais la Justice du Ciel, lasse enfin de la sienne, allait la frapper en lui : « On le vit, dit Feller lui-même, traîner Cinq-Mars à sa suite, de Tarascon à Lyon, sur le Rhône, dans un bateau attaché au sien, tandis qu'il était frappé lui-même à mort. Il se fit porter à Paris, sur les épaules de ses Gardes, placé dans une espèce de chambre (Cellulaire), où il tenait deux hommes à côté de son lit. Les Gardes se relayaient : on abattait des pans de murailles pour entrer dans les villes. C'est ainsi qu'il alla mourir à Paris, le dernier mois de 1642, « dans la force de l'âge... à la veille d'être Régent du Royaume, et même Patriarche (*)... »

(*) Le *mot* même était si naturel, lorsque presque la *chose* même, on peut le dire, existait, qu'on publia des livres sur, pour et contre ; et notamment l'*Optati Galli*

Les *Maréchaux*, les *Ducs de Richelieu*, les *Ducs d'Aiguillon*, etc., ont compromis, et même corrompu assez historiquement la Monarchie et les mœurs, à toutes les époques... Dès le temps du Cardinal, le fils unique de sa sœur, son neveu bien-aimé, qu'il venait de créer *Grand-Maître* de la Navigation et du Commerce, fut tué sur mer d'un coup de canon, à l'âge de vingt-six ans !

Mazarin était digne, et indigne, de continuer Richelieu. Né à *Rome* un jour néfaste, le 14 *juillet* du premier an du siècle qu'il allait dominer, il commença par être militaire, et même capitaine dans la Garde du Pape..., qui semble s'être complu peut-être à l'élever aux grandeurs ecclésiastiques de la France. Ce que Richelieu fut à la puissance politique personnelle, Mazarin le fut à celle de l'argent. Le premier aurait bien voulu être Roi et même Pape, le second se fût contenté d'être leur valet-de-chambre, si c'eût été pour être plus riche... Il avait une immense famille de Neveux et surtout de Nièces avides, à pourvoir. Il commença par faire l'une *Duchesse de Nevers;* — une autre, Colonne,

---

de cavendo Schismate; l'*Optatus Gallus benignâ manu sectus*, condamné à Rome l'année qui suivit la mort du Cardinal; — le *de Consensu Hierarchiæ et Monarchiæ*, d'Isaac Habert, in-4°, 1640. — La meilleure réfutation du Projet terrible de Richelieu fut sa mort subite.

Connétable de Naples; — une troisième, *Princesse de Conti* ;—l'une (je ne sais laquelle), *prétendue* du Roi Charles d'Angleterre. — Quoi qu'il en soit, «Mazarin mourut, sans contredit, le plus riche sujet qui ait jamais été, écrivait un de ses amis, Pomponne, cité par un président de nos jours qui s'est comme consacré à l'étude de la Cour et du Parlement de Louis XIV (Monmerqué). Ce qu'il laissa de biens va à 40 Millions (300 de nos jours), dont il avait *treize* en *argent*, à Vincennes, dans son hôtel (où il mourut); il y en a encore à Brissac, à Stenay, à Brouges, sans ce qu'il a en Italie.» «Avec cette fortune prodigieuse, dont l'énormité accuse l'illégitimité, ajoute M. de Monmerqué, le Cardinal était de l'avarice la plus outrée. Madame de Motteville dit que pendant sa maladie, lorsqu'il ne pouvait travailler, il s'amusait à peser les pistoles qu'il avait gagnées, afin de ne remettre au jeu que les plus petites. » — Mazarin avait apauvri la France ; sa famille, Italienne, a pensé l'avilir. Il avait fait un homme, le plus pitoyable de France peut-être, *Grand-Maître de l'Artillerie*, duc de la Meilleraie, pour lui donner sa Nièce, *Hortense Mancini*, le titre de *Duc de Mazarin*, et la plus forte part de ses richesses scandaleuses. — Et précisément ce fut l'homme qu'un procès, et surtout un procès gagné contre *Hortense*, rendit « l'homme le plus ridicule de son siècle », dit M. de Monmerqué, bon juge de procès et de valeur de procès. — Il avait fait un autre Grand Seigneur, petit-fils de Ven-

dôme, bâtard d'Henri IV, *Cardinal de Mercœur,*
parce qu'il avait pris une autre de ses Nièces : « Il
eut, dit Pomponne, la plus grande partie des *Béné-*
fices ecclésiastiques que la mort du premier ministre laissa vacans. » —Par une destinée malheureuse, la tant belle *Marie Mancini,* Connétable de
Naples (celle que Mazarin crut un moment pouvoir
imposer à Louis XIV lui-même), fut coupable et
malheureuse à la façon de sa sœur *Hortense,* et publia, elle aussi, des *Mémoires* contre son mari malheureux.—Et pour en finir à jamais des étrangers,
et surtout des Cardinaux-Ministres, par une fatalité sans exemple dans les annales des grands crimes et des crimes des grands, la plupart des nièces
de Mazarin, et surtout la fugitive à Londres, où elle
conspirait contre la France, se trouvèrent véhé-
mentement soupçonnées de complicité, et même
de provocation des empoisonnemens de la Voisin,
seule brûlée par arrêt du Parlement de Paris,
en 1680.—La Duchesse de Bouillon, sa sœur, la Pa-
tronne de *Pradon* contre *Racine,* exilée à Château-
Thierry, fut, par surcroît, convaincue de corruption de l'innocent La Fontaine, auquel elle commanda les *Joconde,* qu'il expia depuis par un *Cilice !*

Ce nom de *Bouillon* rappelle naturellement le
fameux *Cardinal,* qui fit, dans les dernières années
du siècle, presque autant de mal à l'Église Romaine
et à la Monarchie française, que les Cardinaux de
Richelieu et Mazarin venaient de leur en faire.—Le

Cardinal de Bouillon, que son oncle Turenne appelait le *Bouillant*, est une des plus grandes fautes du Maréchal, qui en fit plusieurs. D'abord connu sous le nom d'*Abbé Duc d'Albret*, il fut fait Cardinal par l'immense crédit de sa famille, à l'âge à peine où il pouvait être abbé, à 25 ans. Ce qui le fit surnommer l'*Enfant-Rouge*. Bientôt promu à la Grande-Aumônerie de France, il fut envoyé Ambassadeur à Rome. Mais voilà que le petit Prince des Calvinistes de Sédan en veut jusqu'à la puissance de Louis XIV ; qu'il demande pour sa maison de Bouillon le titre de *Prince-Dauphin* ; qu'au Jubilé séculaire de 1700, ayant ouvert pour le Pape malade, comme Doyen du Sacré Collége, la *Porte Sainte*, il a l'audace, presque aussi grande qu'à un siècle et demi de là celle de M. Guizot à Paris, de faire frapper une Médaille de grande dimension, avec cette exergue : *Aperite Portas, quoniàm Emmanuel...* Le Cardinal avait le nom d'Emmanuel, et, avec son esprit connu, et dans le *statu quo* des affaires, nul à Rome ne s'y trompa plus qu'à Paris. — La même année, le Cardinal, revenu, en sorte d'exil, dans sa terre (comme consacrée par le Sacré Cœur) de *Paray le Monnial*, écrivait à la Marquise d'Uxelles,... au rapport de M. de Montmerqué:... « Je ne puis être plus longtemps sans succomber à la tentation de vous renouveler, tout vieux doyen que je suis du sacré collége, une passion que vous fîtes naître dans mon cœur... il y a près de 40 ans, etc. » — De là en particulier, les *Réquisitoires* de D'Aguesseau, les *Arrêts* du Parlement contre les revenus immenses, et les prises de corps contre le Cardinal de Bouillon.

Force fut à celui-ci de s'en aller, *honteux* et *confus*, mais un *peu tard*, mourir pénitent à Rome,... à Rome, d'où sort, et où se plaît à revenir le bien,... précisément parce que c'est de là que le mal sort. — Le Neveu de Mazarin, Colonne, nous y rappelle. Et la grande famille de ce nom, qui compte tant de cardinaux dans ses membres, est aussi celle qui, sous les noms orgueilleux de *Marc-Antoine*, de *Pompée*, etc., montra le mieux l'impossibilité de l'union du Sacerdoce et de l'Empire, et surtout de la guerre. L'Italie (*), si malheureuse à toutes les époques, ne s'explique que par les tentatives avortées de cette union monstrueuse, mais aussi sui-

---

(*) Sont encore aujourd'hui de cette Gent en Italie : — Les deux *Cardinaux* Ruffo, les *Rufins* de Naples, Princes de *Scilla*, dont l'un est aujourd'hui, sous le titre de Premier Ministre, à la suite de ce *Carretto, Ministre de la Police*, le favori et le *Decazes Napolitain*. — Et le cardinal *Caprara*, qui, infidèle à Pie VI et à Pie VII, infidèle même à sa race glorieuse (les Montécuculli), se constitua l'homme de Bonaparte, et eut le malheur de mourir ... au *Panthéon*. — Tel, en Espagne, le Cardinal de Bourbon, Archevêque de Tolède, la dupe malheureuse, et quelquefois le coupable, de toutes les Constitutions et de toutes les Régences dévorantes de la Péninsule, père d'enfans que son frère Roi ne voulut jamais voir.

cide. Ces Colonne servaient aussi bien les ennemis de leur patrie, que leur patrie. — Deux de leurs Cardinaux, oncle et neveu, furent dégradés de la Pourpre, comme traîtres au Saint-Siége au XIVe siècle. — Un autre, celui qui défendait Rome les armes à la main contre le Connétable de Bourbon, fut dégradé, à son tour, par Clément VII; et il laissa un *bâtard*, avec le nom de *Fabius.* — Le premier des *Marc-Antoine* fut tué au siége de Milan par son oncle, qui fit pointer contre lui, sans le connaître, ou en le connaissant, une *Coulevrine.*

Plus terribles, plus effroyables encore que tous ceux-là, les Papes, légitimes en apparence, lorsqu'ils sont comme anti-papes en réalité : — *Alexandre Borgia;* — et même *Boniface* VIII, *Clément* V, avant *Borgia;* et *Jules* II et *Léon* X, après. — Mais c'est là un immense sujet que nous ne pouvons que faire entendre ici, et que nous approfondissons, osons le dire, dans le *Manifeste de l'Église Romaine.*

Quoi qu'il en soit, le *Serment* n'en est pas moins, n'en est que plus la *dernière planche* du naufrage de l'ancienne religion et de la nouvelle : était-ce aux anciens Royalistes, aux *Légitimistes*, aux Catholiques, à certains prêtres, à permettre de la briser, et surtout à la briser personnellement? et, par un triple parjure, à mentir à la fois à Dieu, aux hommes, et à eux-mêmes?

Mais, me dira-t-on, avec votre système, vous tranquillisez, vous justifiez presque les révolutions?

— *Une* sans doute, la présente, toujours unique, au préjudice des futures, *multiples*, et s'appelant l'une l'autre, que votre *indifférence en matière de...* *Religion* du Serment, organise, systématise, dogmatise !

La seule question, qui ne fait presque jamais question, est de savoir le jour, le moment, où le devoir du nouveau Serment, et la fin de l'ancien commencent?

Et ce n'est guère aujourd'hui, après 14 ans de durée pour la Dynastie de 1830, plus ou moins militante, courageuse, bienfaisante, et généralement reconnue par toute l'Europe, qu'il y a, pour un Français de bonne foi quelconque, incertitude sérieuse sur le commencement ou la fin de son serment.

On dira encore, du côté des Légitimistes: Siérait-il donc aux violateurs de tant de Sermens, de rappeler à qui que ce soit la Loi du Serment? — La loi de la Religion, la loi même de la logique, Dieu enfin, lui-même, n'a pas dit : Non.

Et si le Parjure est redevenu fidèle?

Il faut même le croire, bien que cela soit dur, à cela seul qu'il crie : *Fidélité !* Car Dieu seul sait, et pas vous, si c'est de l'audace; et il vous a dit : « A Moi la Vengeance, *Mihi Vindicta !* »

Mais, au fond, il ne s'agit pas de savoir si vos ennemis ont, ou non, bonne grâce à vous rappeler la Fidélité à leur pouvoir, fût-il *dyscole*, mais bien, et exclusivement, si Dieu vous le commande, si saint Paul vous le rappelle, si l'Église vivante, si votre *conscience*, plus vivante encore, vous en donnent la *science* intime, et vos *remords* mêmes le *Memorandum.*

Plus la Loi, le Serment auraient été violés avant vous, et par d'autres que vous, et plus vous auriez de raison et de devoir de les garder vous-mêmes.

Voulez-vous ici une Autorité? je ne vous citerai pas le Christianisme, mais le Paganisme, et Cicéron lui-même, dans son traité *Des Devoirs* : « Nam illud quidem :

Neque dedi, *neque do Fidem infideli cuiquam :*

Est autem etiàm jus bellicum, fidesque jurisjurandi, sæpè hosti servanda. Quod enim ità juratum est, ut mens deferentis conciperet fieri oportere, id observandum est. » — Et ailleurs : « Si temporibus adductus *aliquid Hosti cum Jurejurando promiseris,* est Fides servanda. Est enim Jusjurandum affirmatio religiosa : et id tenendum est, quod affirmatè, *quasi Deo Teste,* promiseris. »

Et pour flétrir un *infidèle* fameux... à un Serment fait à Annibal lui-même, l'ennemi-né et alors le vainqueur du Peuple Romain, l'Homme d'État romain cite les paroles mêmes de Polybe, lequel déclare que, « Bien loin qu'on puisse se dégager de son Serment par la fraude, la fraude ne fait que le serrer davantage et rendre le parjure plus odieux : *fraus enim adstringit, non dissolvit perjurium.* Fuit igitur stulta calliditas perversè imitata

prudentiam. Itaque Decrevit Senatus, ut ille vete-
rator et callidus *vinctus* ad Annibalem duceretur. »

Cela est *difficile* au cœur humain, et même à la
bouche humaine : mais c'est que l'héroïsme lui-
même, et surtout, apparemment, leur est difficile...

On me dira enfin : « Convenez, au moins, que le
Serment prêté à un nouveau Pouvoir, dans un
siècle et dans un pays où tant de Pouvoirs se suc-
cèdent, a moins de gravité et d'importance que
l'ancien Serment, aux temps et aux lieux où le
Pouvoir et la Monarchie restaient les mêmes ? —
C'est précisément, s'il est possible (*), le contraire ;

(*) Tout ce que Pascal a dit du devoir de soumission
à un ancien roi est encore plus vrai d'un nouveau, car sa
violation est encore plus grosse de guerres civiles :

Et cependant *Port-Royal... Janséniste* était censé
abhorrer le Roi... *Moliniste!*

« Dans un état établi en république, comme Venise, ce
serait un très-grand mal de contribuer à y mettre un roi,
et à opprimer la liberté des peuples à qui Dieu l'a donnée.
Mais dans un *état où la Puissance Royale est établie,
on ne pourrait violer le respect qu'on lui doit sans une
espèce de Sacrilége* ; parce que la puissance que Dieu y
a attachée étant non-seulement une image, mais une parti-
cipation de la puissance de Dieu, on ne pourrait s'y opposer sans résister manifestement à l'Ordre de Dieu. De
plus, *la guerre civile*, qui en est une suite, étant un
des plus grands maux qu'on puisse commettre contre la

et nous allons aussi faire sentir, ici plus particulièrement, tout ce qu'il y a de plus sacré et de plus divin dans le Serment des derniers temps et des derniers hommes.

Pour cela, il faut essentiellement revenir à l'Essence même du Serment.

Le Serment, c'est-à-dire une Promesse de chose légitime à tel ou tel homme, ou à plusieurs hommes, à une société, qui le demandent, et qui ont le droit de le demander, aux yeux même de ceux qui le prêtent, puisqu'ils ne le refusent point. Une promesse en présence de Dieu. Ce n'est rien, c'est *un mot*, comme Louvel disait de *Dieu*, c'est une iniquité, c'est une impiété, c'est un crime, ou c'est une chose, un acte de Foi, un acte de Charité, une Vertu.

C'est une Promesse à Dieu lui-même, où Dieu lui-même est à la fois témoin, juge, et même, et surtout, partie.

(Diderot disait bien, jusque dans ses *Pensées*

---

charité du prochain, *on ne peut assez exagérer la grandeur de cette faute.* Les premiers chrétiens ne nous ont pas appris la révolte, mais la patience, quand les princes ne s'acquittent pas bien de leur devoir. « *J'ai un aussi grand éloignement de ce péché que pour assassiner le monde, et voler sur les grands chemins : il n'y a rien qui soit plus contraire à mon naturel, et sur quoi je sois moins tenté.* »

Philosophiques : « S'il se faisait un Cercle chez moi, j'y marquerais une place à Dieu, et j'accoutumerais mon Élève à dire : « Nous étions quatre, Dieu, mon Ami, mon Gouverneur et Moi. »

Et Saint Jean, l'éternel Maître des grandes vérités généreuses et humanitaires, a dit bien mieux : « Celui qui ne croit point, qui ne craint point, qui n'aime point son *Roi qu'il voit*, ne croit point, ne craint point, n'aime point, son *Dieu qu'il ne voit pas.* »)

En sorte que c'est Dieu qui entend, Dieu qui absout ou condamne, Dieu qui est proclamé, ou nié, dans un Serment quelconque.

Plus l'Homme, le Citoyen, et surtout le Pouvoir, a intérêt, plus il tient à la Promesse et au Serment, plus il en a besoin personnellement (et c'est assez, je pense, le cas d'un Roi nouveau, qui intervient par un parti au milieu des partis), et plus, apparemment, il le demande entier, suffisant ; plus il le demande en présence de Dieu, et à Dieu lui-même : et plus celui qui est appelé à le prêter, et qui sait cet *intérêt*, ce *besoin*, ou rien, le doit tel. Et plus aussi le Fonctionnaire appelé au Serment est élevé, et près du Roi, son Pair, et surtout son Député, ou, si l'on veut, le député qui l'a fait ou le continue Roi, et plus le Roi demande le Serment complet, le demande *Sacrement* (*).

(*) S'il pouvait y avoir un serment différemment donné

Dans ce sens, et en conséquence, Dieu se met à la place du Roi, si c'est un Roi qui demande le Serment. Il demande le Serment, et il l'entend aussi comme il sait que le Roi le désire.

C'est le mot, le *Fin Mot* du Serment, tel qu'il est enseigné dans toute l'Église, maîtresse et juge du Serment, si elle est juge de quelque chose sur la terre ; et tel aussi que le rappelle d'Héricourt, le grand Maître des Lois Canoniques « les éternelles sources des lois civiles, » comme dit M. Dupin lui-même : « Quelque artifice qu'on emploie dans les Sermens, Dieu, qui connaît le dessein de celui qui parle, *prend toujours la réponse DANS LE MÉME SENS que celui qui demande le Serment* » (*).

C'est le principe, et ce sont les paroles magni-

---

de la part du roi, ou prêté de la part d'un fonctionnaire, ce serait celui des gens qu'on a appelés une partie du *mobilier de la Couronne*, et même des ministères : les *inamovibles* de fait, si supérieurs à ceux de droit, les *heureux*, s'il y avait des *heureux*, les employés, et même en général tous les fonctionnaires vraiment spéciaux, et qui n'ont pas même de *concurrens*, comme MM. des *Langues Orientales*, de l'*Observatoire*, de la *Marine*, du *Génie*, des *Arts*, de l'*Enregistrement*, etc.

(*) D'Héricourt ajoute : « Aussi, celui qui emploie les détours est doublement criminel, parce qu'il a pris le nom de Dieu en vain, et parce qu'il a trompé son prochain. Cette maxime est conforme à ce que saint Grégoire avait

fiques d'un des plus grands hommes qu'il y ait eu dans le monde, Saint Isidore de Séville : *Quácumque arte verborum quis juret, Deus tamen, qui conscientiæ testis est, ità hoc accipit, sicut ille cui juratur intelligit.* » Cap. XXII, *Quæst.* V, DE SUMMO BONO.

A ce train, M. de Larochejacquelein, M. Berryer, etc., n'ont pas *beau jeu* à la Table, et, s'il est permis de rire et de ne pas rire à la fois, aux *Cartes* et à la *Charte* du Roi des Français, que Dieu a fait plus que Roi, et comme Dieu même (ils auront beau dire et rire) *pour*, mais aussi *contre* eux.

Nous avons dit que le Serment de Fidélité au Souverain était d'autant plus obligatoire, plus sacré, que le Fonctionnaire était plus élevé, plus important, qu'il devait plus au Roi, et qu'il le lui prêtait à lui personnellement. En ce cas là, dans toutes les monarchies (*), et même dans toutes les

---

enseigné sur ce sujet dans le 27e livre de ses *Morales.* »

D'Héricourt, à saint Grégoire pouvait ajouter Cicéron lui-même, non dans ses *Devoirs*, mais (ce qui est plus sincère et plus vrai que dans un *livre*) dans la 224e de ses *Lettres*, si sages et si cordiales.

(*) Le Serment des *chevaliers du Saint-Esprit*, le plus beau de tous les Sermens, ne fut institué au XVIe siècle par le Roi de France, que parce que le Roi et même la France avaient plus besoin de Fidélité que jamais. Le Président Hénault le reconnaît, à l'année 1579 : «Henri III institue l'ordre du Saint-Esprit le premier janvier, en mé-

républiques (*), le serment emporte, pour les
âmes bien nées, jusqu'au devoir et à la vertu du

---

moire de ce qu'il avait été élu roi de Pologne, et était
parvenu à la couronne de France, le *jour de la Pente-
côte* ; mais en effet *comptant, par le serment auquel
s'engageaient les nouveaux chevaliers, détacher les
grands seigneurs du parti protestant*, et s'opposer en
même temps au progrès de la Ligue, dont il commençait
à n'être plus le maître. »

(*) En Angleterre, au xviie siècle, on ne comprenait pas le serment d'une autre façon, dans le grand
monde, et même dans le menu : « Quand Charles II se
présenta pour demander un asile chez la mère du colonel
Windham, qui avait perdu au service de la cause royale
trois fils et un petit-fils, le colonel, s'inclinant devant le
roi, lui dit : « Sire, mon père, un moment avant sa mort,
« nous ayant fait venir auprès de son lit, nous a adressé
« de ces paroles qu'on n'oublie pas, et le moment de s'en
« souvenir est venu. Mes enfans, nous dit-il, nous avons
« vu des temps paisibles et sereins sous les trois derniers
« rois : il faut maintenant nous préparer à des orages.
« Quoi qu'il arrive, gardez obéissance et respect à votre
« roi. Je vous recommande de ne jamais abandonner la
« couronne, *quand même vous ne la verriez suspendue
« qu'à un buisson.* » Le patron de la barque qui devait
conduire le roi, de Brighton sur la côte de France, l'ayant
reconnu, hésitait en songeant tout à la fois aux *peines
terribles* portées par le parlement contre ceux qui favori-

Sacrifice de la Vie , si ce sacrifice est nécessaire.
Et tous les Héros de l'Antiquité et des temps mo-

___

seraient le départ du roi , et à la riche récompense promise à celui qui le livrerait, lorsque sa femme mit fin à
ses irrésolutions, en lui disant : « Fasse le Ciel que tu
« sauves le Roi , dussé-je mendier ensuite mon pain avec
« mes petits enfans. »

Lorsque le noble Montrose fut arrêté, on le fit entrer
à Édimbourg en charrette, avec le bourreau, les bras liés
et la tête nue. Vingt-trois de ses officiers marchaient devant lui. Il répondit au Parlement qu'il avait toujours
soutenu comme Chrétien la cause que sa conscience ap-
prouvait. Le Parlement le condamna à être pendu pendant trois heures à une potence de trente pieds de haut.
La sentence portait que sa tête serait exposée sur une pi-
que à Édimbourg , ses bras sur les portes de Perth , ses
jambes sur celles de Glascow et d'*Aberdeen* ; que son
corps serait enterré par le bourreau, dans le faubourg. Il
répondit : « Je voudrais qu'on me coupât en un assez
grand nombre de morceaux pour rappeler à chaque village du royaume ma fidélité pour mon roi. » Pour com-
bler la mesure des flétrissures, on suspendit à son cou, le
jour de l'exécution, sa dernière proclamation, avec l'histoire de ses premiers exploit. Il sourit de la malice de
ses ennemis, et leur dit : Vous me donnez *une décoration
plus brillante que la Jarretière ,* dont Charles Ier m'a
honoré. »

Au xviiie siècle encore : « Le ministère anglais, dit

dernes sont ceux qui sont allés le plus vite à la mort au nom de la Patrie, et même au nom du Roi : — les Décius, Curtius, Régulus, Coriolan, Scœvola ; — si pâles auprès de cet Alphonse de Cas-

---

Voltaire, commença par *tâcher* de rendre le prince Édouard méprisable aux yeux du peuple, parce qu'il avait été terrible. On fit porter publiquement dans Édimbourg les drapeaux pris à la journée de Culloden ; le bourreau portait celui du Prince ; les autres étaient entre le mains des ramoneurs de cheminée, et le bourreau les brûla tous dans la place publique. Cette farce était le prélude des tragédies sanglantes qui suivirent. On commença, le 10 août 1746, par exécuter dix-sept officiers. On en traîna neuf sur la claie dans la plaine de Kennington, et après qu'on les eut pendus, on leur arracha le cœur, dont on leur battit les joues, et l'on mit leurs membres en quartiers. Il n'y eut aucun d'eux qui ne protestât, avant de mourir, qu'il périssait pour une juste cause, et qui n'excitât le peuple. Trois pairs écossais furent condamnés à mort. L'un d'eux porta sur l'échafaud une intrépidité inébranlable. Il voulut mourir dans le même habit d'uniforme sous lequel il avait combattu. Le gouverneur de la Tour ayant crié selon l'usage : Vive le roi Georges ! Balmérino répondit hautement : Vive le roi Jacques et son digne fils ! Lord Derwenwater voulut que son fils, encore enfant, montât sur l'échafaud, et il lui dit : « Soyez couvert de mon sang, et apprenez à mourir pour vos rois. » — Lord Loval, âgé de 80 ans, prononça

tille qui, Gouverneur de Tariffe assiégée, et me-
nacé par l'ennemi de voir couper la tête à son fils,

---

tout haut ce vers d'Horace avant de recevoir le coup :
Dulce et decorum est pro patriâ mori.

« Ce qui est étrange, et ce qui prouve bien que *tous
les cœurs étaient au prince Edouard*, c'est que les Anglais ne furent avertis ni du débarquement, ni du séjour,
ni du départ des deux vaisseaux qui l'emmenèrent. »

« La différence qu'il y a entre les deux époques, dit
très-heureusement M. de Genoude, c'est qu'il n'y a plus
de bataille de Preston-Pans, ni de combat de Culloden,
ni de victoire, ni de défaite. Tout se réduit à un combat
intellectuel, comme dans Milton, mais sans les canons que
le poète anglais a mis au service des Anges. »

C'est alors qu'en France, bien qu'au siècle de la philosophie, et dans l'admiration de tels hommes et de telles
fidélités, le patriarche même de l'indépendance politique, Montesquieu, célébrait et s'efforçait de grandir le
Maréchal de Berwick, le premier des ducs de Fitzja-
mes, dans un *Éloge*, qui est un chef-d'œuvre.

Les hommes de la révolution, conséquens, ne trouvaient pas la *nature* du serment changée, ils ne trouvaient changé que son *objet :* «Décret du 13 juin 1791 :
Tous les représentans debout prononceront au nom du
peuple français et par acclamation le serment de *vivre
libres ou mourir.* Chaque député prêtera ensuite indivi-
duellement *à la nation*, en présence de l'assemblée, le
serment de maintenir de tout son pouvoir la constitution

préféra la voix du roi au cri du sang : *Mas pesa el Rei que el sangue;* — le chevalier de Beaumont, en

du royaume décrétée par l'assemblée nationale, de ne rien proposer dans le cours de la législature qui puisse y porter atteinte, et d'être en tout fidèle *à la nation, à la loi et au roi.* » —Serment du 10 août 1792 : « Au nom de la nation, je jure de maintenir de tout mon pouvoir la liberté et l'égalité, et de *mourir à mon poste* », etc. — Et M. Pasquier, comme ministre, le 11 *juillet* 1820 : « *Tous* les Ministres du Roi ont été fidèles à leur Serment, *tous* auraient *versé leur sang* pour la défense du duc de Berri ».

Cela donné, M. Duchâtel qui a été conséquent, n'a pas été sage, et encore moins courtisan, lorsqu'il a répondu aux Légitimistes, plus inconséquens et plus courtisans encore : « Non, la France n'a pas violé son serment en « 1830. Elle a été déliée le jour où le pouvoir, qui se « prétendait légitime, a violé la charte. Ce sont là les « vrais principes constitutionnels. Eh bien! je n'hésite « pas à le dire, et je puis faire cette supposition, car « elle ne se réalisera pas ; si aujourd'hui le pouvoir royal « se conduisait vis-à-vis de la constitution du pays « comme le pouvoir royal en 1830, nous serions tous « déliés de notre serment. Ce sont là les principes fonda- « mentaux de notre foi politique, de la foi politique dont « nous avons assuré le triomphe en 1830. »

Moins bien, ou mieux avisé encore, M. Martin du Nord, Garde-des-Sceaux du Roi, lorsqu'il a pris pour Devise : *Pro Rege sæpè, pro patriá semper.*

Amérique ; — les frères Jumonville ; — le chevalier
d'Assas ; — le comte d'Orvilliers (au combat d'Oues-
sant) ; — et même Desilles, digne soldat du digne
Bouillé ; — Bouillé surtout, « plein de courage, de
droiture, de talent, Général de la monarchie comme
Lafayette de la constitution », dit M. Thiers, écrivant à la Convention, et qui ne la fit *rire* (*) que

---

(*) Voici la fin de la *Lettre* du Bouillant Général, qui
retentit, on peut le dire, et qui retentira à jamais dans
toute l'Europe :

« Quand je vis l'anarchie à son comble, je suppliai le
« Roi de sortir de Paris ; le Roi et la reine se refusèrent
« toujours à mes instances ; ce n'est que le 18 avril qu'ils
« se rendirent : ils devaient partir pour Saint-Cloud,
« *mais le peuple féroce les* arrêta. Le Roi arrivé à Mont-
« médy, au milieu de ses troupes, devait faire connaître
« aux princes étrangers les motifs de sa démarche, et faire
« en sorte de *suspendre leur vengeance jusqu'à ce qu'il*
« *eût convoqué une nouvelle assemblée ;* voilà ce que
« voulait faire le roi, malgré l'ingratitude de son peu-
« ple... ; mais, Messieurs, TOUS LES PRINCES DE L'EU-
« ROPE SONT MENACÉS PAR LE MONSTRE QUE VOUS AVEZ
« ENFANTÉ. Je connais vos moyens de défense ; ils sont
« nuls et *votre châtiment servira d'exemple aux autres*
« *peuples.* Voilà ce que doit vous dire un homme qui
« *n'a pour vous et pour votre peuple, qu'indignation*
« *et horreur. Je connais les chemins, je guiderai les*
« *armées étrangères qui vous attaqueront.* J'ai voulu

parce qu'elle la fit trembler. — Et ce Favras, dont Lafayette lui-même dit, dans ses *Mémoires* : « S'il

---

« sauver mon Roi; je n'ai pu y réussir; il est resté entre « vos mains; mais *si on lui ôte un seul cheveu de la* « *tête, il ne restera pas pierre sur pierre à Paris.* « BOUILLÉ. »

« La lecture de cette lettre est quelquefois interrompue par des *éclats de rire;* l'assemblée passe à l'ordre du jour. »

Encore ici, je n'approuve pas, je raconte, j'explique; je n'aurais volontiers pour le général Bouillé, comme il n'avait pour l'Assemblée Nationale, qu'*indignation et horreur.* Seulement, mon *indignation* sublime. Dans le fait, l'homme qui avait commencé par faire une *Guerre* républicaine en *Amérique* n'avait pas qualité pour en faire, en France, une contre-républicaine. Et l'homme de l'Étranger devait mourir *désarmé, ri*, désespéré, et malheureux en Angleterre, dans les derniers jours d'un siècle d'une monarchie usée, dont il fut le *Dernier Romain* inutile.

Il put être donné à un Général de sentir, mais pas de voir et de savoir que, sur la *Montagne* des révolutions, tous les plus grands *Obstacles* ne sont que les *Moyens* les plus grands. Et pour ma part, j'ai toujours pensé, et j'ai dit au vertueux comte de Bouillé, le digne neveu du fidèle général, et je lui ai dit, sans l'étonner, que la Lettre immortelle de sa famille avait peut-être, plus que tout le reste, non pas *causé*, mais *occasioné*, toutes les Vica vécu en aventurier, il est mort en *Héros de la Fidélité* »; — et ce baron de Batz, le plus hardi, le plus continu, le plus heureux (*), le seul survivant du si petit nombre des fidèles à tout prix,

---

toires et tous les revers de la république française, et tous les malheurs des rois étrangers.

Car la Prédiction du général n'a point failli par sa vérité, mais par son orgueil. Si, au lieu de dire : *Je connais les chemins, je guiderai les Armées étrangères* contre ma patrie, Bouillé eût dit : « Un Homme de malheur (*Bonaparte*) les ira chercher ; deux autres (*Moreau* et *Bernadotte*) les *guideront* », Bouillé eût été un Homme d'État. S'il eût ajouté : *Et je me lave les mains du sang qui sera versé*, Bouillé eût été un grand homme. Il n'était qu'un Soldat, aveuglément fidèle !

(*) Seulement, et pour confirmer apparemment sa Loi de Malédiction de la violence la plus héroïque en apparence, au moment même que le digne Baron de Batz, venait de rentrer, pour y trouver enfin la paix, dans sa terre de Chadieu, en face du Puy-de-Dôme, dont il eut le commandement en 1814, la Providence qui le suivait, de son œil, mieux que ne l'avaient fait du leur *Élie Lacoste* dans son *Rapport* du 26 *Prairial* contre lui, sous le nom de *Catilina moderne*, Tallien, dans sa Dénonciation au Conseil des Cinq-Cents, qui le signala comme le *vrai ministre de la police*, et depuis, les Fouché de Bonaparte,... la Providence, disons-nous, le frappa d'une apoplexie foudroyante.

Grand Sénéchal du pays d'Albret, Béarnais par excellence, *Constituant* contre la Constituante, qui..., le 21 Janvier, fendit la haie de soldats Conventionnels, avec son fidèle secrétaire de Vaux et deux jeunes acolytes, qui furent *hachés*, en s'écriant : *A Nous, Français, à Nous Ceux qui veulent sauver le Roi*, — (« le mot et le fait le plus sublimes de la Révolution », selon Benjamin Constant), et qui eut assez de présence d'esprit et de dextérité pour échapper aux masses qu'il avait comme amorties, et recommencer une vie militante et souvent audacieuse, le plus souvent à Paris, sous les gouvernemens divers qui l'avaient à l'œil ; — écrivant encore en 1815 (comme il avait combattu en 1793) une *Histoire de* cette *Maison de France*, à laquelle il avait consacré sa vie et tant de fois voulu donner son sang !

Et les quatre Sombreuil (car il y en eut quatre), la famille par excellence de la Fidélité portée à l'héroïsme, dont le général Hoche, tout républicain qu'il était, voulait sauver un, qui... ne voulut pas, à Quiberon. — Et les pères et les oncles de M. de Larochejacquelein en particulier, qui ne furent héros vendéens que parce qu'ils étaient assermentés, eux, à la vie et à la mort.

Et ces *Gardes du Corps* du *Régiment de Flandre*, dignes des Hongrois de *Marie-Thérèse*, disant à leur tour le *Moriamur pro Rege nostro*, dans leur Chant immortel :

> O Richard ! ô mon Roi,
> L'univers t'abandonne ;
> Sur la terre il n'est que moi
> Qui s'intéresse à ta personne.

Les plus grands même de ces hommes sont précisément ceux auxquels les Princes ou la Patrie avaient donné le moins, et même ceux auxquels ils s'étaient montrés ingrats dans des ordres divers :.. Coriolan chez les Romains, par exemple ; — et ce Strafford qui, s'étant vu délaissé et plus d'une fois sacrifié par le roi Charles Ier, et croyant la Monarchie attachée à son sacrifice de ministre, alla jusqu'à prier le roi de consentir à sa mort ; — et ce maréchal Victor, duc de Bellune, auquel la Victoire était si fidèle, qui, oubliant l'iniquité et même l'ingratitude du duc d'Angoulême dans la guerre d'Espagne, s'offrit si vite à lui lorsque le moment du péril fut venu (*).

Et il ne faudrait pas dire que M. Berryer, et même MM. de Larochejacquelein et Châteaubriand, qui nient formellement, insolemment, ou plutôt en rougissant (**) le Serment Royal, ne doi-

---

(*)... Sans ses rigueurs, exagérées ou non, serait digne de figurer ici le général *Vandamme* (quel nom !) qui, nonobstant l'iniquité de Louis XVIII à son égard, fut des premiers à s'offrir à lui le **20 Mars**, lorsque tous l'abandonnaient.

(**) Les paroles de M. de La Rochejacquelein, leur

vent rien au nouvel ordre de choses, et par conséquent de personnes, à la Révolution, à la
France, à la Patrie de Juillet : ils lui doivent tout,
et ce qu'ils sont , et quelquefois ce qu'ils ont : —

---

style, l'embarras et le galimathias de *pensée* qu'elles supposent, et leurs *accidens*, sont ici nécessaires; les voici
d'après son propre journal , *la Gazette de France* du
surlendemain. — Je ne voudrais ici que les *hilarités* de
la Chambre, et surtout celle de l'orateur , pour montrer
et démontrer leur fausse position réciproque :

« Mais je conçois que dans cette chambre, après ce qui
s'est passé, on puisse vous demander comment nous entendons le serment. M. Berryer, tout à l'heure, vous a
expliqué comment il l'entendait. Je n'ai pas son éloquence, mais je vous le dirai *bien simplement* : Fidélité
au roi !... » — Un membre au centre : Des Français !...

M. de La Rochejacquelein, avec vivacité : — *Des
Français !...* (Rire général). Cela veut-il dire : Amour,
dévoûment? Fidélité veut dire (... pour les fourbes) ne
pas conspirer, ne rien faire contre. Est-ce plus? est-ce
ce qu'on entendait autrefois? Le sacrifice de tout ce que
l'on est et de tout ce qu'on a? Mais ce n'est pas là votre
pensée. (Mouvemens.)

M. Pellereau-Villeneuve (avec dignité) : — C'est la
pensée de beaucoup d'entre nous.

M. de La Rochejacquelein : — Eh bien! Messieurs,
s'il est vrai que ce soit comme nous l'entendons que la
Chambre le comprend , le serment de fidélité au roi des

M. de Larochejacquelein : le rôle de Tribun, au lieu
de celui de Militaire. .*russe*(il l'a dit à la Chambre);

Français n'a pas pour nous la *même* signification que le
serment qu'on prêtait autrefois. (Vives dénégations.)

M. Dupin (dans l'esprit de son *Quoique Bourbon* révolutionnaire): — Il n'en est plus question, de celui-là.

M. de La Rochejacquelein : — Permettez, Messieurs, voilà pourquoi, et je vous l'ai dit tout à l'heure,
c'est *qu'autrefois on comprenait le serment sous l'ancienne monarchie autrement qu'on ne l'entend aujour-
d'hui;* je ne parle pas de tout le monde, je parle de nous,
parce que nous seuls sommes en cause : voilà pourquoi
autrefois nous le comprenions; quand nous prêtions
serment au roi, nous comprenions que nous étions prêts
à lui sacrifier, je répète les mots, tout ce que nous étions,
tout ce que nous avions. (Rumeurs et chuchotemens). Eh
bien, les mots n'ont plus la même signification. Je le com-
prends comme vous.

M. Raguet-Lépine (son mot était sans réplique et *ad
hominem*): — Qu'a-t-on sacrifié en 1830? »

Dans le fait, le roi *des Français* n'est pas le roi de
M. de La Rochejacquelein. La *Souveraineté Nationale,*
dont il a dit qu'*il relevait,* ne l'est pas davantage. Il est
neutre, il est *sûr,* entre les deux. Et chacun, le *Roi* ou
la *Nation,* peut lui dire : « Celui qui n'est pas *pour* moi
est *contre* moi. »

Un autre homme supérieur en hauteur, et même en longueur de Nom, à M. le *marquis de La Rochejacquelein,*

— M. de Châteaubriand : la vengeance divine qu'il avait à exercer, au profit de son orgueil, contre la Restauration , quil'avait, comme il a dit, *rebuté*....

M. *Berryer* est un orateur renommé ; il a vu son

M. le *duc de Larochefoucauld de Doudeauville*, s'est dégradé depuis jusqu'à *signer* (ce qui est pire que d'avoir rédigé) et à fonder sur *la Souveraineté Nationale*, c'est-à-dire le *Contrat social* de Rousseau dégénéré,... une Apologie... du Parjure, qui se trouve, j'ose le dire, écrasée sous chacun des mots de notre *Manifeste* , et , par surcroît, sous les noms et les précédens du plus ancien des Larochefoucauld.

Son très-petit fils, qui en a si fort menti comme publiciste, en a menti plus encore comme homme du monde. Il n'a pas songé à payer, il a même formellement refusé de payer les frais, énormes, aujourd'hui , pour l'abbé de Genoude, nuls pour le duc, de sa *Lettre* parjure.

« Il faut avoir une rude noblesse pour ne pas se flétrir à de pareils traits », a dit M. Berryer lui-même le lendemain.

Le pénultième des ducs de Doudeauville (ce qui rappelle les *do, dé, di, do-Duclos* de l'*Encyclopédie*) était pire , s'il est possible, que le dernier : c'est son *père*, et celui qui, nommé *Ministre de la Maison du Roi* à la suite de M. de Villèle, en obtint, comme une grâce peut-être, d'en détacher les *Théâtres* et l'*Opéra* corrupteurs, et les *Journaux* vénaux (la jeune *Quotidienne*, la vieille *Gazette*, etc.), en lui disant (Historique) : *Mon fils, j'ai gardé les épines, je ne vous donne que les roses.*

nom (mais aussi sa personne), accolé à celui de *Mirabeau* ; il est propriétaire d'une *Terre* et d'un château superbes ; il est membre du Comité Royaliste ; il fut appelé le second , par *lettre close*, aux pieds du trône de Londres ; il paraît être à la fois un grand seigneur, un homme d'état ; et il est... *à marier*, par surcroît.

Sans la Révolution de Juillet, il ne serait qu'un légiste.

M. Berryer doit beaucoup au Roi, il lui doit sa célébrité momentanée ; il lui doit jusqu'à l'avantage de n'avoir pas été ministre sous la Restauration, car il ne l'eût été qu'un moment ; il lui devra même, et plus tôt qu'on ne le pense, le bonheur d'une retraite politique obligée, plus honorable que son action de cette nature.— Le duc de Bordeaux lui-même, et surtout, doit au roi des Français un bonheur, plus grand que tous les bonheurs temporels : celui de n'être pas roi d'une France qui n'existe plus, *de par* la faute et la *cause première* de sa famille. (... Je dois, moi, à Louis-Philippe et à la Révolution de Juillet , plus encore que M. de Châteaubriand, M. Berryer et Mgr le duc de Bordeaux , l'honneur et même la gloire de leur dire, seul, et à tout prix, toute la vérité à tous.)

Si, néanmoins, il y avait un doute (*) sur la vérité, le *lien*, la *Religion* du Serment, cent fois plus *obligatoires* que la plus haute noblesse, que la royauté

(*) Une autorité relative serait ici moins récusable,

la plus ancienne, il ne saurait y avoir, aux yeux des catholiques, que l'Eglise pour le lever. Et aussi l'Eglise de France, si fidèle entre les églises particulières, représentée par ses archevêques et ses évêques, bien mieux que par ses ecclésiastiques du second ordre, a-t-elle prêté, et, à plus forte raison, permis, et même prescrit, les plus loyaux, les plus sincères, *les plus utiles* sermens individuels à Louis-Philippe.

Car sans cela on ne concevrait même pas Louis-Philippe, et Louis-Philippe ne se concevrait pas lui-même.

---

peut-être, car elle serait *ad hominem ;* c'est celle du plus spirituel et le plus modéré des anciens légitimistes :

« Dans les révolutions, dit le duc de Lévis, *le moment* où l'autorité jusqu'alors légitime cesse de l'être, es difficile à saisir. Cependant, s'il est vrai que l'autorité soit l'expression de la force nationale, comme cela paraît *incontestable,* il s'ensuit que la victoire *complète* d'un parti *commande la soumission de tous*; mais l'*honneur a d'autres lois*, il défend d'abandonner, quels que soient ses malheurs, les drapeaux d'un chef dont on a embrassé la cause, *tant qu'il combat lui-même* pour la soutenir. »

Cicéron avait déjà dit l'*embarras* du devoir en guerre civile : « In his casibus, *multi dubitabant quid optimum esset;... multi quid deceret; nonnulli etiam quid liceret.* »

Pie VI, et même Pie VII, les deux plus grands pontifes des temps modernes, avaient bien reconnu Bonaparte, qui, certes, à notre avis, ne valait pas pour la France, et surtout pour l'Europe, Louis-Philippe.

La Formule du Serment donnée aux Évêques, et à tous les Catholiques, dans un Bref du 6 Août 1806, (et quelle différence entre l'Eglise de France en 1806. et celle en 1844!), est assez formelle :

« Je Promets et Jure de n'avoir *aucune* part à *toute* conspiration, complot ou soulèvement contre notre Gouvernement actuel, comme aussi de lui être soumis et obéissant en tout ce qui ne sera pas contraire aux lois de Dieu et de l'Eglise. »

La Ville de Paris, la France, l'Espagne, etc., ont bien reconnu et aimé le *Roi de Navarre* qui les avait assiégées, affamées et décimées pendant des années !— Après l'avoir craint, condamné, excommunié, le Pape Clément l'a bien absous, reconnu, aimé, sous le nom, digne d'un homme et d'un cœur nouveaux, d'*Henri IV!*

Louis XIV lui-même, si aimé des vieux rois, n'a-t-il pas reconnu le plus odieux des parvenus, Cromwel, jusqu'à faire sortir de France, à sa demande, Charles II et ses frères les ducs d'Yorck et de Glocester, qui s'enfuirent dans les Pays-Bas plus hospitaliers ?

Je conçois que, dès le 29 Septembre (jour anniversaire choisi, et pour cause, inspirée peut-être, de la naissance et de la fête du duc de Bordeaux),

Pie VIII (*) ait envoyé aux Évêques de France un *Bref* qui les autorise à prêter Serment de Fidélité à Louis-Philippe, et à faire chanter pour lui le *Domine Salvum fac Regem;* et cela, sur la promesse faite par lui de *Protéger la Religion;* — et que le dernier acte du même Pontife, ait été de dire, des choses de France : *Nunc tranquillis rebus;* et de confirmer sa Bulle du 29 Septembre par une suite de correspondances officielles et officieuses jusqu'à sa mort, le dernier mois de la même année 1830.

Je conçois surtout que, plus de dix années après, aux calendes d'octobre 1841, et dans sa Bulle d'E-rection de la Métropole de Cambrai, Grégoire XVI

(*) Par une singularité qui scandalise les faibles de l'Etat et même de l'Eglise, la Providence, plus scandali-sante (pour être édifiante) qu'on ne pense, a permis que ce fût la *Femme* du roi le plus Salique de l'Europe, de Louis-Philippe enfin, qui suppliât le Pape; et que ce fût le médecin ignoré de l'Archevêque de Paris, qui portât sa lettre.

La Providence a surtout voulu que le Pontife reçût d'abord et ouît ensuite, le plus singulièrement du monde, le médecin *Gaillard,* qui pensait sauver ou perdre une dynastie! (Voyez cela dans la plate *Histoire des* pauvres *travaux de M. de Quélen,* par Henrion). — La magnifi-que mort du *Treizième* Archevêque de Paris (né en 1778, l'année de la mort de Voltaire et Rousseau) a fait plus de bien à l'Eglise de Paris, que toute sa vie.

n'ait pas craint de considérer et d'appeler Louis-Philippe : *Le Si Grand Roi.*

Quant à l'appréciation de la doctrine de *distinction* entre le Serment des lèvres et le Serment du Cœur, l'Eglise (*), en ses plus beaux jours , et par le plus grand de ses Pontifes modernes, l'a refoulé

(*) L'Eglise de Paris a formulé, dans son *Eucologe,* un *Examen de Conscience* assez formel *sur le second Commandement* fait au *Fidèle :*

« S'il a Juré, par quelque jurement que ce soit , contre la-vérité , ou pour assurer une chose fausse, ou dont il doutait ; ou bien avec vérité , mais sans nécessité. — S'il a juré avec imprécation et malédiction sur soi-même, ou sur le prochain, souhaitant la damnation, la mort, etc. — S'il a promis avec serment de faire quelque mal , ou quelque chose qu'il *n'avait pas dessein de faire.*— S'il a manqué à ce qu'il avait promis avec serment. »

Les Archevêques ou Évêques de l'Église d'Irlande,etc., déclarent sous Serment, qu'ils « croient qu'aucun acte injuste en soi, immoral ou méchant, ne peut jamais être justifié ou excusé *sous prétexte qu'il a été fait pour le bien de l'église* ou par obéissance à quelque autorité ecclésiastique que ce soit ; ils jurent d'être fidèles et de porter une *véritable obéissance* à leur gracieux souverain et seigneur le roi Georges IV ; qu'ils maintiendront, sou tiendront et défendront, par *tous les moyens en leur pouvoir*, la succession de la couronne dans la famille de S. M. contre toute personne ; qu'ils *ne croient pas non*

dans le monde et dans l'enfer, comme le *serment* hypocrite et le ***cynisme des apostasies.***

Ecoutez ici le seul Bref de Pie VI à Etienne-Charles de Loménie de Brienne, Archevêque de Sens :

« Rien n'est plus opposé à la saine doctrine que la prétention que vous avez de pouvoir, par des actes aussi irréguliers , légitimer le décret de l'assemblée nationale; enfin en prononçant un serment contraire à d'autres sermens plus saints et plus solennels, par lesquels vous devriez vous souvenir que vous êtes lié, vous avez promis d'accomplir tout ce que renferme la nouvelle constitution du clergé de France, et vous ne devez pas ignorer que c'est un amas et un extrait de plusieurs hérésies.

« Alléguer, pour couvrir votre faute, *que votre*

---

plus que le Pape de Rome , ait ou doive avoir quelque juridiction, quelque supériorité ou prééminence civile et temporelle, dans ce royaume, soit directement soit *indirectement.* Ils déclarent en outre solennellement , en la présence de Dieu, qu'ils attestent et certifient qu'ils font cette déclaration et chacune de ses parties dans le simple et *véritable sens des paroles de leurs sermens , sans aucun subterfuge, aucune équivoque ou réserve mentale,* etc. » — Toutes propositions tuantes, les unes pour notre jeune Montalembert, et les autres pour O'Connel, son promoteur d'Outre-mer.

8 *

*Serment a été purement extérieur, que c'est la bouche
et non le cœur qui l'a prononcé,* c'est avoir recours
à une excuse aussi fausse qu'indécente. C'est s'au-
toriser de la pernicieuse morale d'un philosophe
qui a imaginé ce subterfuge tout-à-fait indigne, je
ne dis pas de la sainteté du serment, mais de la
probité naturelle d'un honnête homme ; et toutes
les fois que cette doctrine a été mise en avant,
l'Église n'a jamais manqué de la condamner et de
la proscrire. »

Admirables paroles ! et bien autrement flétris-
santes que nos paroles constitutionnelles, et qui
sont, on nous l'assure, à la veille d'être renouvelées,
et mises en rapport avec la profondeur et la géné-
ralité du mal renouvelé, par le Pontife vivant qui
gouverne aujourd'hui l'Église universelle.

En sorte qu'il est vrai de dire, vrai logiquement,
vrai théologiquement, vrai humainement, vrai so-
cialement, que les prêteurs..... à usure de sermens,
à la suite de tous les gouvernemens, de Louis XVI
jusqu'à Louis-Philippe Ier, de la Constituante de 89
à la *Constituante* de 1830, sans excepter le *Directoire* organisateur de la victoire et transition à
l'Empire, Sacré par Pie VII lui-même à Notre-
Dame de Paris,... sans excepter même la Convention et le Comité de salut public; et le *Prince* des
prêtres (Talleyrand), et le *duc* des calvinistes (Bro=
glie), et le *duc* du Luxembourg (Decazes), et le
comte de roulement ministériel (Molé), et le *baron*
de la chancellerie (Pasquier), et les *comte* ou *baron*

du palais (Portalis et Séguier), et les *comtes* in petto (Guizot...., et Villemain) ; et Siméon, mort en 1843 à quatre-vingt-treize ans juste, et cette année entre les bras de à l'académie *Morale*..., les plus fameux et les plus *heureux* en apparence des *Jureurs* des cinquante dernières années , tous ensemble, ne sont pas aussi coupables, ni même aussi susceptibles de rougeur *au front* qu'ils se croient.

Il peut même arriver qu'ils aient été fidèles à Dieu et aux hommes eux mêmes, comme l'Évêque par exemple, s'il a soixante années d'Épiscopat , qui a prêté ou continué, *ipso facto, ipso jure*, tout autant ou plus de sermens divers et même opposés, que Talleyrand ou Benjamin *Constant*. Le vers et même la conduite de Barthélemy ne sont pas aussi faux, aussi égoïstes qu'on pensait, et même qu'il pensait :

L'homme absurde est celui qui ne change jamais.

Et Benjamin Constant pouvait être fier de sa devise : *Solâ Inconstantiâ Constans.*

Comme ne sont pas aussi magnanimes qu'on l'imagine, les plus illustres fidèles à leurs *premières amours* à leur premier serment virginal : — les Polignacs (*), au serment *sur l'airain* ; — les Laval, à la devise : *Immuable;* — les Lévis, à la *Noblesse* qui oblige à jamais, etc.; — les d'Escars, sur la

---

(*) La duchesse de Polignac, Gouvernante des Enfans de France, réfugiée à Vienne lors de la mort de la

Tombe desquels ont lit : « Le Roi qu'ils ont *uniquement* servi » ; — les Saint-Priest , *Filleuls* de Louis XVI ; — les Fitz - James , au *Semper et ubiquè Fidelis* ; — et les derniers qui se sont trouvés des premiers, le duc de Rivière (*) ; — le duc de Blacas, et même Châteaubriand (**).

———————————————

Reine, tomba malade à sa nouvelle , et mourut peu de semaines après.

(*) Dans l'une des audiences de la cause célèbre , le président montrait à **M.** de Rivière un portrait trouvé sur lui lors de son arrestation, en lui demandant s'il le reconnaissait : — « Je suis bien loin, je le verrai mieux de plus près. »— On le lui fait passer. **M.** de Rivière se saisit du portrait qui était celui du comte d'Artois : « Croyezvous , dit-il au président , que , même de loin, je ne le reconnaissais pas? mais je voulais le voir de près encore une fois avant de mourir. »

Cette fidélité est bien autrement stable que celle d'un Marquis que nous avons vu nous laisser *ex abrupto*, à l'Office des Missions étrangères, au moment même du *Domine , Salvum fac Regem Philippum.* Quitter en ce moment l'Eglise, c'était nier Dieu..... Le remarquable *royaliste* est mort, jeune encore, et subitement, la même année !

(**) Et les légitimistes à la suite, ou à la queue : — le comte de *Locmaria,* — le *vicomte de Jailly,* — le *vicomte de Baulny* (dans les armes duquel Charles **X** a mis : *Cynisme de la fidélité!*) ; — jusqu'à *Lubis* ou *Dollé,* serviles compilateurs des faits les plus bêtes de

Dans une autre catégorie de Fidélité : le Général Bertrand (*).

Et si nos vieux, et même nos jeunes Légitimistes (**), si nos *Quotidiennes*, et nos *Modes* Jeunes,

---

la plus pauvre restauration qui fut jamais ; — jusqu'au *vicomte Walsh*, le chef de file des Mondains de la *Mode*, et l'*historiographe* de la *cour cosmopolite*.

(*) Félix Lepeletier finit par se dévouer à Bonaparte, plus qu'il n'avait fait à la République.—Et Carnot a *Proclamé à la Garnison d'Anvers* :

« Soldats, aucun doute raisonnable ne pouvant s'élever sur *le Vœu de la nation française en faveur de la Dynastie des Bourbons*, ce serait nous mettre en révolte contre l'autorité légitime que de différer plus longtemps à la reconnaître. Nous avons pu, nous avons dû procéder avec circonspection, nous avons dû nous assurer que *le peuple français ne recevait cette grande loi que de lui-même.* — L'avénement de notre roi au trône de ses ancêtres sera bien plus glorieux appelé par l'amour des peuples que par la terreur des armes. — 18 avril 1814.

CARNOT. »

(**) Il y a telle famille, celle des Cauchy, qui se soutient, qui se grandit *à la suite* par ses divisons consciencieuses et ses *cordiales ententes* : le père reste, avec *un* fils quelconque, fidèle au sol du Luxembourg, *Pairie* ou *Sénat* ; —l'*aîné* vole à Goritz *en ligne perpendiculaire*, comme Ozanam son maître allait au Ciel ; — et le *cadet* demeure, en conscience, pour y prêter des serments

France, n'en ont prêté aucun ou qu'un, à la différence de tous nos *Molé*, de tous nos *Pasquier*, de tous
nos *Decazes*, de tous nos *Débats*, c'est que les fonctions ou les honneurs assermentés, ou le temps, leur
ont manqué... Il n'est, entre ceux de la première
catégorie et ceux de la seconde, de différence que
la raison et le *pourquoi* du serment : mais c'est là le
secret et le domaine de Dieu seul ; et, toutes choses
égales, le Serment étant bon, salutaire, et même
nécessaire, doit faire présumer, car il emporte de
droit, le *pourquoi* honnête.

Seulement, il faut le dire, la Fidélité au premier
Serment, en général, a, toutes choses égales, des

---

progresseurs, au Palais de Justice, exposé à envoyer en
prison, et peut-être à l'échafaud, les fidèles à tout prix....
au serment du plus savant des Cauchy !....

Et puis, vous le voyez se prélasser, seul, en Robe, rouge
comme son visage, dans l'Église de Saint-Sulpice, à côté du
Saint-Sacrement de celui qui fut mis à mort par les *Doc-
teurs de la Loi.* — C'est à l'Eglise surtout que l'habile
Fidèle (Alex.Cauchy en est un vrai) doit, autant qu'il est
en lui, ne faire ni envie aux faibles, ni pitié aux forts.
L'humilité apparente édifie encore plus que la réelle, et
l'orgueil, apparent seulement, scandalise, et peut perdre,
jusqu'aux humbles qui en sont témoins.— Dans la Maison
de Dieu, et même aux Processions de Dieu dans les rues,
érigées en temples, les honneurs politiques, et surtout
les *judiciaires,* vont mal et *font mal.*

avantages propres : celui de supposer plus de con-
viction , plus de conséquence, plus de désintéressement. La seule infidélité apparente ôte de la force,
et déconsidère (*).

En résumé, *nos Lois sont athées et doivent l'être*,
disait devant la Cour de Cassation même , M. Odi-

(*) La confrontation des Hommes de 1830 vient ici en
assez belle preuve. Ceux qui, à cette époque , par leurs
études ou leur position , n'avaient pas encore exercé de
fonctions et prêté de serment, ou n'avaient pas eu le temps
ou les occasions de réfléchir le serment, Lamartine ,
Montalembert, Ségur, Tocqueville, Beaumont, de Cassagnac, Emile de Girardin , Mignet, et même MM. Thiers,
Barthe , Odilon-Barrot, Hébert, Plougoulm , Bresson,
Chambolle , Armand Bertin , Barrault, Merruau , Martin (du Nord), Sauzet, Dupin jeune, Benoît, et même
Duchâtel, font pâlir leurs contemporains : Villemain, Cousin, Salvandy, Hugo, Lingay, de Schonen, Rendu, Dupin
aîné, Vatout, etc., et surtout les magistrats *royalistes* des
Cours nouvelles.

M. Berryer lui-même, dynastique dans toutes les
grandes et fondamentales questions (celle des *forts détachés* par exemple), est, par son âge, par sa profession,
par son talent oral, c'est-à-dire purement *personnel*, est
essentiellement , et se montrera un jour, si le temps ne
lui manque pas, tel à tout le monde, un homme de 1830.

Il faut en dire autant, et même plus, et pour les mêmes
raisons, des abbés *Comballot*, *Lacordaire*, etc. — Et
voilà *le secret* de la force de plus en plus grande du nou-

lon-Barrot (avec plus de vérité qu'ils ne pensaient tous : car il est aussi facile à la *Logique* de montrer,

---

vel ordre de choses, et de l'*oubli* ou des infortunes et de l'*attristement* de ses vieux *factotums*...

Je conçois donc parfaitement que M. Sauzet ait dit, et *répété deux fois*, dans une Chambre, et au nom d'une Chambre de jeunes gens inconnus et ignorans du *Roi de France* : « *On ne peut être fidèle qu'au Roi des Français.* »

« On aura beau faire, dit la *Gazette,* on ne déracinera pas la fidélité de cette terre de France, et dans ce pays les faits protesteront toujours contre ce mot *inoui* répété deux fois par M. Sauzet. » — *Inoui ?*...

Trois Souverains Pontifes avaient dit avant M. Sauzet : *On ne peut être fidèle qu'au Roi des Français* »; et cela , selon le mot profond du Sauveur : « On ne peut servir *deux* Maîtres. »

Je conçois et je distingue aussi M. Odilon-Barrot, plaidant honorablement *pour* son noble père, et aussi bien contre la Restauration que contre la Révolution :... « Je montais la garde dans les *appartemens du Roi* , dans la nuit de son départ, S. M. vit *nos larmes* et contint l'élan de notre enthousiasme. Je suis certain que cette scène touchante ne s'est point effacée de sa mémoire; elle est à jamais gravée dans la mienne. A l'arrivée de l'Usurpateur, je me dépouillai de suite des titres d'avocat aux conseils et à la cour de cassation, que je tenais de la munificence du Roi; *je n'eus point à fausser mon Serment*

et même de démontrer *Dieu* et l'Église Romaine,
qu'impossible aux *Lois* d'y forcer : le *Cœur humain*
ne veut pas être de la religion de celui qui bourrèle

Je n'ai repris mes titres qu'au retour de S. M. *Je votai
contre l'usurpation* sur le registre ouvert au greffe de la
chambre de police correctionnelle. Et enfin je signai dans
la chambre des avocats une pétition qui, près d'un mois
avant le retour de S. M., demandait le Roi au milieu
même des cris des *Fédérés.*»

Voyez aussi, dans la magistrature, la différence que
l'opinion publique a mise entre les Ravèz, les Desèze, les
Gossin, les Regnier, etc., qui ont sacrifié leur riche ina-
movibilité à leur Foi opulente, et *Rives*, par exemple,
l'ex-secrétaire intime de la *Loi-Sacrilége*, l'émigré
in petto de *Belgrave-Square*, qui n'a pas craint de figurer dans les juges *Casseurs, conquassateurs* de l'émigré
pedibus.

C'est un fait, parce que c'est une nécessité, que les
ralliés les plus spirituels sont embarrassés, et aussi *rail-
lés* : — les *ralliés réels* : Royer-Collard, Lamartine,
Montalembert, Boissy, les Bonald, etc.; — et les ralliés
in petto : Vérac, Brezé, et surtout Berryer.

Mais les personnes qui sont le mieux ici dans l'honorable exception de l'innocence, sont les enfans des assermentés de toutes les époques et de tous les règnes : — le
duc de Chartres, le 21 Janvier 1793; — le duc de Reis-
chtadt, au 20 Mars 1815; — le duc d'Orléans, le duc de
Nemours, etc.; — et surtout, apparemment, le duc de

son corps ou sa bourse) : nos Sermens seuls sont *athées*, et *ne doivent pas l'être...*

Bordeaux en 1830; le Prince des Asturies, en 1835 ;....
et le comte de Paris, à sa majorité en 1850.

Ce qui nous a fait penser toujours qu'il serait infiniment plus facile et plus glorieux aux enfans qu'aux pères ou aux aïeuls de se sauver eux-mêmes et de sauver la patrie, et à la Jeune-France de se sauver et de nous sauver qu'à la Vieille.

La vérité même à cet égard se montre pour les ordres de personnes comme pour les individualités, et pour les choses comme pour les personnes. Les plus grands peuples et les rois les plus habiles sont toujours ceux qui accèdent *les derniers* aux souverainetés nouvelles : on l'a vu en 1789, au Consulat ; — A l'Empire lui-même, en 1805 ; — et (les habiles le savent) en 1814 ; — enfin, en 1830.

Et lorsque la nouvelle puissance est reconnue, les anciens ambassadeurs, toutes choses égales, ne sont jamais aussi influens, aussi considérés que les nouveaux : par exemple, le Nonce Apostolique actuel, qui n'était que professeur au collége romain en 1830, et M. le marquis de Brignole, ambassadeur à Madrid, à cette époque.

Entre les journaux les plus accrédités sont précisément aussi les postérieurs à 1830 : la *Presse* et le *Siècle*; et si les vieux, le *Constitutionnel*, le *Courrier*, les *Débats*, se soutiennent, c'est parce qu'ils ont, tous les trois, changé à la fois de propriétaires, de directeurs et de ré-

C'est du petit nombre de ceux qui n'ont aimé, qui
ne se sont donnés, consacrés, qui n'ont *juré* qu'une

---

dacteurs, lesquels ne sont point parjures, ou si l'on veut
ne l'ont point semblé.

C'était dans le sentiment de toutes ces vérités et de tous
ces faits divers, que l'un des hommes les plus remar-
quables de la presse indépendante, car il sait à la fois
parler et écrire avec éloquence, M. Emile Barrault, a
publié, le 6 janvier, dans le *Courrier*, plus *français* que
jamais, une opinion sur le Serment, qui suppose la solida-
rité de tous les partis de la France, sans exclure la valeur
et le devoir du Serment en lui-même. Il s'est mis au-
dessus de la *Gazette de France*, et même au-dessus du
Mandement de Mgr de Langres, contre le parjure : car
le *Mandement* est descendu *ad hoc* à *diviniser* une
charte, éminemment humaine de sa nature et par sa destinée ; et la *Gazette* royaliste, religieuse, et presque sa-
cerdotale, pour réfuter le *Mandement*, a voulu justifier
et *nationaliser* le parjure.—Le *Courrier*, lui, s'est élevé,
et nous a élevés, jusqu'au principe de la tolérance réciproque entre les *vainqueurs* et les *vaincus*, selon le mot
célèbre de Carnot : « Ne craignez-vous donc pas, dit-il,
en vous érigeant en gardiens si austères de la religion du
serment politique, de provoquer *de tristes représailles ?*
Si l'on en vient à tordre toutes les consciences politiques
du temps, à les secouer, à les battre, à les livrer au soleil et au vent, mon Dieu ! que de sermens, que de parjures tomberont l'un sur l'autre aux yeux de l'Europe

fois, et à jamais, au vrai Roi (*), c'est-à-dire au vrai
Dieu, alors même qu'ils auraient juré à mille Rois,
que l'Esprit-Saint a fait dire à David, le Roi *fidèle*

ébahie ? La France connaît trop bien son histoire pour être
étonnée. Gardez-vous donc bien de remuer toutes ces
vieilles défroques de tous les régimes et de laver notre
linge sale en public. Qu'y gagnerons-nous ?... Le *sacrifice moral de quelques individus aux pieds du trône
de juillet* ne lui donnera pas un ami de plus, et *ne lui
ôtera pas un ennemi.* » — C'est : *lui fera des ennemis,*
que le *Courrier français* devait dire, et qu'il s'est contenté de penser.

(*) Humainement, mondainement parlant, le plus beau
refus de serment que je sache, c'est le *Serment continué*
de M. Victor de Latour-Maubourg, et l'élévation continue de son honneur, en regard de tant d'abaissemens continus. La *Lettre* de ce Loyal et Féal Serment est ingénieu-
sement datée du *Lys* de Dampierre, le 11 août 1830.

Et puis le refus laconique de M. de Châteaubriand, le
7 août : « Je reconnais au malheur toutes les sortes de
puissance, excepté celle de me délier de mes sermens de
fidélité. »

Dans une autre catégorie, celui de M. de Cormenin ;
seulement j'ignore s'il a été conséquent, ou s'il le sera :
« Paris, 12 août. Je n'ai pas reçu du peuple un mandat
constituant, et je n'ai pas encore sa rectification. Placé
entre ces deux extrémités, je suis absolument *sans pouvoir pour faire un Roi,* une charte, *un Serment.* Je prie

par excellence, dans son chant xiv, qu'on peut appeler le *Psaume du Serment*, et que le grand lyrique

---

la chambre d'agréer ma démission. Puisse ma patrie être
toujours glorieuse et libre ! »

Plus hardi, plus rationnel, plus calviniste, celui du
duc de Broglie : « J'ai tenu mon serment à Charles X
tant que Charles X m'a tenu le sien. » — Interpellé par
M. de Fitz-James, sur son serment à la tribune de la
chambre des pairs, il l'a redit en ces termes : « J'ai prêté
mon serment au dernier gouvernement; je l'ai tenu obscu-
rément, mais fidèlement jusqu'au dernier moment, jusqu'au jour où les sermens prêtés à la chambre ayant été
violés, je me suis cru dégagé des miens. Je n'éprouve ni
scrupule ni remords. »

Il est d'autres sermens (*), d'autres fidélités, et d'au-

(*) Ces sermens-là furent connus, comme le Mal et
l'Esprit du Mal, dès le principe. — On les trouve, encore
aujourd'hui, aux extrémités, et, on peut dire, aux lieux
où naquit le monde, en Orient, dans les Indes ; et la
Gazette des Tribunaux vient de le rappeler : « Les In-
diens, dit-elle, jurent, un Brahme, par le *Dieu Vrai*;
un *Soudra, par tous les crimes.* » (*V.* les *Lois de Ma-
nou.*). — Et dans le premier *Grand coutumier de
France*, sous Charles VI, Mᵉ Dupin, qui l'a *étudié*, nous
apprend que ces *Serments* y sont *flétris* sous la domination de *Blasphémes* et de *vilains Serments*, ou *Serments
de vilains.*

de France, J.-B. Rousseau, s'est glorifié d'essayer seulement de traduire, pour en faire la *Première* de ses *Odes* sublimes :

> Seigneur, dans ta gloire adorable,
> Quel mortel est digne d'entrer ?
> Celui, dis-je, dont les *Promesses*,
> Sont un gage toujours certain.

Mais qu'il y a loin de la poésie humaine à la divine ! ou seulement à la prose la plus Vulgate : « Celui qui parle dans son cœur, et qui n'a point la fourbe sur la langue ; *qui Jure*, même à son égal, et ne le trahit… : *Qui loquitur veritatem in corde suo,*

---

tres infidélités , que nous laissons juger à ceux qui s'y connaissent. Celui d'abord de l'effroyable d'Orléans-Egalité, arrivant d'Angleterre où l'avaient mené les terribles *Accusations* d'Octobre. « Depuis longtemps, je peux le dire, *je portais dans mon cœur* ce Serment que ma bouche va prononcer dans le moment : « Je Jure d'être Fidèle à la Nation, à la loi et au *Roi*, et de maintenir de tout mon pouvoir la constitution décrétée par l'assemblée nationale et acceptée par le Roi.»

Et de nos jours le Serment dont fut témoin l'éloquent *accusé* Lagrange, et qui le fit s'écrier, dans le *Procès d'Avril*, à la *Cour des Pairs*, montrant au doigt *Barthe* : «J'aperçois d'ici, *siégeant parmi mes Juges*, celui qui m'a fait prêter *Serment de Haine à la Royauté*, *sur le Couteau…*» — « Le *parjure est vertu*, etc., répondit peut-être *in petto* Barthe !

qui non egit dolum in linguá suá...; qui Jurat proximo suo , et non decipit. » — Et, dans le Psaume XXXVI, le chant de la récompense, même temporelle, de la Fidélité : « Le Seigneur fera éclater sa justice comme le Soleil : et *Educet quasi* lumen justitiam tuam ; — la terre même lui sera donnée en héritage : l'injuste verra le juste, et il en grincera les dents , mais le Seigneur en rira : Ipsi hereditabunt terram... : observabit peccator justum : et stridebit super eum dentibus suis. Dominus autem irridebit eum. — Il tirera l'épée, mais son épée le perforera lui-même : Gladius eorum intret in corda ipsorum : et arcus eorum confringatur. — Le juste tombera, mais il ne se brisera point, parce que le Seigneur lui mettra la main dessous : — Cùm ceciderit, non collidetur : quia Dominus supponit manum suam. — Sa langue dira la justice ; la Loi de Dieu sera dans son cœur ; et le pas ne lui glissera point sur le chemin : Lingua ejus loquetur judicium. Lex Dei ejus in corde ipsius : et non supplantabuntur gressus ejus.

C'est de tous les Assermentés ensemble, que Dieu a dit, par son Roi David : *Ils Jurent* habituellement *contre Moi : Et qui laudabunt me , adversùm Me Jurabant.* PS. 101 ; — et que le Sage a dit, dans la *Sagesse* : « Tout est confondu parmi eux, et le sang, et la rapine, et la feinte , et l'infidélité, et le parjure : *Et omnia commixta sunt, sanguis, furtum, fictio, infidelitas,perjurium.* — Le culte des idoles (*l'Argent est le Dieu de la France*, dit le *Constitutionnel*), est à la fois la cause, le commencement, et la fin de tout mal :

Idolorum cultus omnis mali causa est , et initium , et finis. — Ils vivent, ils se réjouissent dans l'injustice, ils se hâtent dans le parjure : *Aut vivunt injustè, aut perjurant citò.* — Comme ils ont mis leur confiance dans des idoles sans âme et sans justice, les parjures n'ont point à redouter de châtiment : *Dùm confidunt in idolis sine animâ, malè jurantes noceri se non sperant.* Mais, parce qu'ils ont mal pensé de Dieu , et qu'ils ont juré injustement, il leur mésarrivera ; et la peine des pécheurs se promènera sur eux : *Quoniam malè senserunt de Deo, et juraverunt injustè.... Peccantium pœna perambulat super injustorum prævaricationem.*

C'est de tous les Assermentés encore que le Sage a dit, dans l'*Ecclésiastique*, xviii : «Le jureur *double*, multiple, sera gros d'iniquités, et la plaie demeurera dans sa famille : Vir *multùm* jurans implebitur *iniquitate, et non discedet à domo illius plaga... Et si in vacuum juraverit,* NON JUSTIFICABUNTUR; *replebitur enim retributione domus illius.*

Rétribution, dans la langue latine, et surtout dans la langue de Dieu, est synonyme du plus grand des châtimens... la Vengeance Divine. Et qui sait si cela n'est pas précisément synonyme de ces charges d'or et d'orgueil, sous le *faix* desquelles tombaient la veille de 1830, et tombèrent, le lendemain, les hommes dont nous venons d'énumérer les représentans?

C'est des et aux Rois parjures, même des et aux tyrans, que le prophète Ezéchiel dit, dans sa langue inouie , sous la parabole de *deux Aigles* : «... Il choisira un prince du sang, il lui fera prêter serment, afin que le Royaume reste petit : *Et tollet de semine regni*, ferietque cum eo fœdus : et *ab eâ accipiet Jusjurandum* , sed et fortes terræ tollet : *Ut sit regnum humile*, et non elevetur : — le prince viole son serment; le Seigneur se rappelle le sien. Le parjure sera emmené au pays de celui qui l'avait fait Roi, et il mourra : *Vivo* ego, dicit Dominus Deus , quoniàm in loco regis qui constituit eum regem, *cujus fecit irritum Juramentum*, et solvit pactum quod habebat cum eo, in medio Babylonis morietur. — Et le Roi de Babylone remuera la terre et bâtira des forts pour tuer un grand nombre d'âmes : Et non in exercitu grandi , neque in populo multo faciet contrà eum Pharao prælium : in jactu aggeris , et *in extructione vallorum, ut interficiat animas multas*. CH. XVII.

C'est de tous les parjures ensemble, sujets et Rois, que le prophète Zacharie dit à son tour , dans une autre langue inouie, sous la parabole du *Livre Volant* , vrai *Livre de Mort* opposé à celui *de Vie* , le livre des Sermens violés : « Je les maudirai. j'envahirai leurs maisons, j'y mettrai le feu, même à leurs *Pierres* : Et conversus sum, et levavi oculos meos : et vidi, et ecce *Volumen Volans*... Et dixit ad me : Quid tu Vides? Et dixi : Ego video volumen volans... Et dixit ad me, *Hæc est maledictio* quæ egreditur *super faciem omnis terræ* : quia *omnis fur* , sicut ibi scriptum est, judicabitur : et *omnis jurans*. ex hoc similiter judicabitur. Educam illud, dicit Dominus exercituum : et veniet ad domum furis, et ad *Domum Jurantis in Nomine meo mendaciter.* Et consumet eam, *et lapides ejus.* CH. V.

C'est enfin et surtout contre les parjures, que le dernier et le plus grand Venu des hommes de Dieu, l'Homme-Dieu par excellence, et son Esprit-Saint, ont tracé la seule façon, la façon exclusive qu'il y ait, pour un parjure, de redevenir fidèle : LES PLEURS AMERS! Et iterùm *negavit cum Juramento* : Quia non novi hominem. — Et post pusillum accesserunt qui stabant, et dixerunt Petro : Verè et tu ex illis es ; nam et loquela tua manifestum te facit. — Tunc cœpit *detestari et Jurare* quià non novisset hominem. Et continuò gallus cantavit. —Et recordatus est Petrus verbi Jesu, quod dixerat: Priusquàm gallus cantet, ter me negabis. Et egressus foràs, *flevit amarè.* MATTH. CH. XXVII.

C'est enfin, et en dernier lieu, de tous les Assermentés ensemble, sous la dénomination admirable de *Scribes* et de *Pharisiens,* lesquels en étaient venus, comme nos *Doctrinaires,* à n'être fidèles qu'à l'or, à l'orgueil, aux *dignités,* que le Fils de Dieu a dit lui-même, dans son magnifique Sermon à cette sorte d'hommes : « Malheur à vous ! car vous fermez aux hommes la porte des cieux... Malheur à vous ! conducteurs aveugles, qui dites : « Si un homme jure par le *Temple,* ou par l'*Autel,* ce n'est rien; mais si par L'OR du Temple, *il Doit : Væ vobis, Scribæ et Pharisæi hypocritæ... facitis eum filium gehennæ duplò quàm vos. Væ vobis, duces cæci, qui dicitis* : Quicumque Juraverit per *Templum, nihil est; qui autem Juraverit* IN AURO *Templi , debet.* »

Or les *Scribes* du Christianisme (et nous en avons du Catholicisme), étant des *scribes* de *rechute* et des derniers temps, ils doivent être pires, et ils sont pires en effet que les *scribes* du Judaïsme.

Voici une personnification éminente de ces Pharisiens modèles de la monarchie et de la révolution, que nous voulons mettre en relief plus particulièrement dans cet ouvrage, parce qu'elle constitue le plus grand *cynisme* de *Parjure* et d'*Apostasie*, mais aussi de repentir et de fidélité du xviiie siècle.

Il y avait, dans Paris , un homme qui naquit le 15 d'un mois de 1747, portant l'un des plus grands noms, et appelé à l'une des plus grandes destinées de l'Etat; qui posséda , jeune, l'un des plus grands Patrimoines de la France; qui avait fait une Alliance supérieure encore à sa naissance; qui, presque tout de suite, et incessamment, se trouva le modèle et l'envie des courtisans de la royauté nouvelle,... la royauté de Louis XVI et de Marie-Antoinette, souriant à la France, la sortie de tant de dépravations et de malheurs ; et qui, par surcroît, se trouvait appelé à la plus brillante Charge et à l'une des plus vertueuses successions de sa propre famille : le Commandement des Gardes Françaises. D'infidélités en infidélités, et, on peut le dire, de chute en chute, il tomba aussi bas dans l'o-

pinion, alors plus *Reine* que jamais, que sa famille
et son nom y avaient été haut. L'homme, dont la
fortune était si opulente, fut ruiné et endetté au
point de se voir forcé de céder toutes ses Terres au
Prince de Guéménée, à la charge de ses dettes et
d'un viager de 80,000 fr. Ce qui n'était pas le *pain*
de ce Monsieur. Et le voilà qui, pour se venger, se
met à la suite de Lafayette dans la Révolution d'Amérique, et enfin... d'Égalité. « Dans les Procédures du
Châtelet, relatives aux Crimes des 5 et 6 Octobre, il
fut accusé d'avoir paru avec le duc d'Orléans, au
milieu des Assassins. » Et il finit par mériter le Commandement de la première Armée envoyée par la
Convention contre la Vendée, l'année où elle pouvait, ou jamais, se montrer Royaliste, lorsque Bonaparte lui-même put la nommer *un Peuple* de géans.

Et puis, il rédigea ces *Mémoires* exécrables, contre
la Reine, qui rejaillirent, à trente années de distance,
contre la Restauration, et qui seraient son crime,
si elle n'avait qu'un crime.

Mais voilà aussi, le lâche, au moment même de
sa défaite dans le pays des *Géans*, le voilà abandonné des hommes et de la Révolution, comme il
l'était de Dieu....

« Le 10 Juillet, disent MM. Étienne, Jay et Jouy,
le Duc de Biron donna sa démission, se rendit à Paris, y fut arrêté et renfermé à Sainte-Pélagie, puis
transféré à l'Abbaye, d'où il écrivit à la Convention
Nationale pour être jugé *sans délai*. Ce désir ne fut
que trop exaucé. Traduit à la Conciergerie, il com-

parut, le 31 décembre 1793, devant le Tribunal Révolutionnaire, qui le condamna à mort *sans désemparer*, « pour avoir laissé son Armée dans l'inaction et *favorisé* la Vendée. » (C'était la *faveur* de la lâcheté, devant l'Héroïsme). Le Duc de Biron reçut son arrêt avec un calme stoïque. Mais de retour à la prison, cette *philosophie* reprit, un moment avant celui de perdre la vie, le caractère de *l'insouciance Épicurienne* qui avait accompagné ses *belles* années. Il demanda *des huîtres et du vin blanc*. L'Exécuteur entra pendant qu'il faisait ce *dernier repas :* « Mon ami, lui dit Biron, je suis à vous, *mais laissez-moi finir mes huîtres*, je ne vous ferai pas attendre longtemps. Vous devez avoir besoin de forces, au *métier* que vous faites; *vous allez boire un verre de vin avec moi*. Biron remplit le verre de l'Exécuteur, celui du Guichetier et le sien, but avec eux, et se rendit sur la place de l'exécution, où il subit la mort avec ce courage qui a illustré presque toutes les victimes de cette affreuse époque.» Et il dit ces paroles sublimes : « *Je Meurs* puni pour avoir été infidèle à mon Dieu, à mon Roi, à mon Ordre. »

Nous ne sachons pas de plus sublime Serment que celui du Criminel…. devenu vertueux à l'échafaud.

La Duchesse de Biron, à son tour, y monta, «*convaincue*, au contraire, de complicité avec *le Traître … Capet*….. »

Mais il est, encore plus digne d'être ici rapporté, un de ces grands faits, qu'on peut appeler privilégiés, de l'*Histoire de France*, car ils font partie de l'*Histoire de la Providence*, et sont, en cette qualité, *de plein droit* exclus des *Histoires de France*, et même *de l'Eglise*, fables ou *Editions* convenues de MM. *Laurentie* et de *Genoude*, de *Robiano* et *Receveur*, *Rohrbacher* et *Henrion*.

Celui que nous allons dire est, au plus haut degré, mémorable, et il est aussi démontré que bienfaisant. Tous les *Historiens*, sans excepter Mézerai, les Biographes eux-mêmes, le rapportent très-longuement; et il vient d'être abrégé très-exactement par M. le Mayeur de Rogeries, dans sa belle Histoire de la *Gloire Belgique*, dont la première édition ravissait le Prince de Ligne mourant à Vienne en 1812.

Par un rare bonheur (*), il prouve admirablement, telle que nous l'entendons, à la fois, la suprématie volontaire et temporelle de l'Eglise romaine ; la magnificence de son culte et de ses formes; et le soin que prend son Dieu de les fonder, en temps

---

(*) Par une autre Providence visible, ce bel ouvrage dont les *Notes* sont autant de chefs-d'œuvre biographiques, nous est envoyé de 200 lieues, par l'un de nos plus honorables amis, le Comte Léopold de Bellaing, dont le nom et les services diplomatiques, et même les *Notes sur les Questions à l'Ordre du Jour*, écrites et pensées à la façon *de Maistrienne*, sont, on peut le dire, Européens.

et lieux, sur des miracles, et de les consacrer, à jamais, par la punition, immédiate, des plus exécrables parjures qui furent jamais.

Lothaire, Roi de Lorraine, fils de l'Empereur de ce nom, et petit-fils de Louis le Débonnaire, avait épousé Theutherge, sœur d'Hubert duc de Bourgogne. Il se prit d'une folle passion pour Valdrade, qu'il résolut d'épouser. Il fallait, pour y parvenir, faire prononcer la nullité du premier mariage. Il fit accuser Theutherge d'inceste, dans un plaid tenu à Metz et à Aix-la-Chapelle. Des juges serviles la trouvèrent coupable. Elle en appela au Chef de l'Eglise. Lothaire y sollicita la confirmation du jugement, et sans l'attendre, il épousa Valdrade. Cette démarche lui attira le mépris des Français et des Lorrains. Ses sujets menaçaient de se révolter. Charles-le-Chauve les appuyait. Cette affaire occupait toute l'Europe, indignée du spectacle d'un adultère couronné. Le Souverain-Pontife cassa le jugement porté. Lothaire s'obstina, intrigua, écrivit au Pape. C'était Nicolas Ier, que l'*Histoire* a surnommé le *Grand*. Il pressa Lothaire de reprendre son épouse, excommunia Valdrade, et menaça le Roi qui persistait dans son désordre. Sur ces entrefaites, il mourut. Adrien, son successeur (il fut élu malgré lui, et mourut en Odeur de Sainteté), renouvela les instances en faveur de Theutherge. Enfin le Roi de Lorraine espérant mieux réussir par lui-même, se rendit à Rome. L'entrevue eut lieu au Mont-Cassin. Le Pape décida que l'affaire serait examinée plus à fond encore, mais en France et dans un Concile. Lothaire fut obligé de se contenter de cette décision. Il crut faire illusion et se rendre favorables certains évêques qui devaient être ses juges, s'il engageait le Pontife à lui donner la Communion. Il la demanda et voulut que ses plus intimes ministres se préparassent comme lui à la recevoir. Le Pape y consentit, sur la parole qu'on lui donna que depuis que Valdrade avait été excommuniée, le prince n'avait eu aucun commerce avec elle, et qu'il s'en tiendrait séparé jusqu'à sentence définitive. Lothaire le Jura. Le Pape célébra la Grand'Messe, après laquelle il donna la Communion au Prince et à toute sa Cour. On ne peut lire sans frémir la formidable apostrophe qu'il leur adressa à tous en leur présentant l'*Eucharistie* (admirable *Scène, Cène* terrible, qui manque à notre *Démonstration Ecclésiastique*) . « Si « votre conscience vous reproche, dit-il à Lothaire, « d'avoir commis le péché depuis le temps que je « vous ai marqué, et si vous n'êtes pas résolu d'y « renoncer absolument, gardez-vous bien de tou- « cher au Corps de votre Sauveur, et de recevoir, « pour votre condamnation, ce que sa Divine Pro- « vidence a préparé comme un remède pour les pé- « chés des hommes. »

« Lothaire Jure et Communie. Tous les Grands qui l'accompagnaient (à l'exception de quelques- uns), interpellés s'ils n'avaient ni consenti, ni con- tribué à l'adultère , firent le même Serment. Le

Monarque repart pour la France. Mais à peine est-il arrivé à Plaisance, qu'une Fièvre Maligne l'arrête. Lothaire meurt, et apprend, avant d'expirer, *que tous ceux qui ont partagé son funeste Serment sont atteints de la même maladie que lui.* Plaisance fut le tombeau de *TOUS.* Ces Faits nous sont attestés par tous les écrivains contemporains. Sur un événement aussi public, comment auraient-ils osé en imposer à leur siècle? Il faut croire cette déplorable Catastrophe, ou nier tout ce que l'Histoire nous présente comme avéré.

« La Reine Theutherge suivait son mari à petites journées, elle le trouva mort à Plaisance, prit soin des obsèques d'un époux qui l'avait rendue malheureuse toute sa vie, et vint s'enfermer à Metz dans un Monastère, où elle finit ses jours. Valdrade choisit pour sa retraite celui de Remiremont.... »

Après cela, on a pu s'étonner d'entendre l'un des héros de la fidélité, de l'*abaissement continus,* et de plus en plus entiers, à toutes les idoles, à tous les *ors,* à tous les gouvernemens, M. Guizot enfin, s'écrier, à propos de la plus petite infidélité opposée (le *Voyage Sentimental* de Belgrave-Square) : *Scandale, Scandale énorme, Scandale immense,* et jusqu'à treize fois le mot et ses épithètes. Car, s'il y avait un *scandale* ici, c'est que M. Guizot fût scandalisé; et s'il ne l'avait pas été sérieusement, ce qui est probable, le cri de son scandale hypocrite serait le pire de tous les scan-

dales. — Il y avait une autre sorte de scandale à
M. *Guizot* d'ajouter (car c'était *Défier... Dieu*) :
savons *parfaitement* que le gouvernement du roi
est au-dessus de *tout* danger, que *tous* les évé-
nemens, heureux ou *malheureux*, *grands* ou petits, que ce soit des fêtes ou *des Deuils*, mettront
en évidence la *Nationalité* de la Dynastie qui règne
sur la France. »

Et c'était mal rendre justice, c'était surtout faire
mal la cour à un roi qui a, lui aussi, prêté plusieurs sermens légitimes, mais enfin *plusieurs* (*),

---

(*) Le Roi des Français, le jeune Duc d'Orléans, et ses
frères eux-mêmes, ont prêté le *Serment* le plus obligatoire qui se puisse imaginer :

(......... dans les âmes bien nées
La vertu n'attend pas le nombre des années)

le *Serment des Chevaliers du Saint-Esprit* (**) :

(**) Madame de Genlis raconte ainsi le premier *Ser-*
ment de Monseigneur le Duc d'Orléans :... « Ce fut avec
ce costume que le jeune DUC DE CHARTRES vint recevoir
le cordon bleu des mains de Louis XVI, le 1er Janvier
1789. L'innocence de l'âge du jeune candidat, l'éclat du
costume qu'il portait, tout contribuait à rehausser sa taille
élégante, et à donner à cette cérémonie une sorte de magie. Les assistans étaient dans l'admiration, et malgré le

c'était mal à une chambre des *Pairs*, et à une
des *Députés* de ce roi, que de choisir le moment,
l'ordre du jour de la question et de l'examen des

« Je jure à Vous, à Dieu, en face de son Église, et vous
promets, Sire, sur ma Foi et honneur, que je vivrai et
mourrai en la foi et Religion catholique, sans jamais
m'en départir, ni de notre Mère sainte Église Apostolique
et Romaine; que je vous porterai estime et *parfaite obéissance*, sans jamais y manquer, comme un bon et loyal sujet doit faire; je garderai, défendrai et soutiendrai de
tout mon pouvoir l'honneur, les querelles et droits de
Votre Majesté royale, *envers tous et contre tous*; qu'en
temps de guerre, je me rendrai à votre suite en l'équi-
page tel qu'il appartient à personne de ma qualité; et en
paix, quand il se présentera quelque *occasion d'importance*, toutes et quelles fois il vous plaira me mander,
pour vous servir contre quelque personne qui puisse vivre ou mourir, sans nul excepter, et *ce jusqu'à sa
mort*; qu'en telles occasions je n'abandonnerai *jamais*
votre personne. »

------

respect que commandait le lieu et la chose, plus d'un
des éminens spectateurs qui y assistaient ne purent s'empêcher de s'écrier : « Ce n'est point un enfant, c'est un
Ange que l'on reçoit chevalier! » Au commencement de
l'année suivante, LE DUC DE CHARTRES reçut les mille
écus qui lui revenaient de son Cordon Bleu. »

sermens, dont le *Bulletin* est presque aussi nombreux que celui des *Lois*, pour lui dire, tour à tour, le 1ᵉʳ janvier, et l'an 1844, et dans la treizième année du règne : « La *Foi jurée* rend le lien entre les rois et les peuples indissoluble; le roi, en montant sur le trône, a *promis* de *nous* consacrer son existence toute entière ; la France lui a *promis* Fidélité. Le Roi a tenu *ses sermens* (*) ; quel Français pourrait oublier ou trahir les siens?... — Oui, Sire, votre famille est vraiment nationale. Entre la France et vous l'alliance est indissoluble. *Vos sermens* et *les nôtres* ont cimenté cette union. Les droits de votre dynastie demeurent placés sous l'*impérissable* garantie de l'indépendance et de la loyauté de la nation. La conscience publique flétrit de coupables manifestations. Notre *révolution* de juillet, en punissant *la violation de la Foi jurée*, a *consacré* chez nous la *Sainteté du* Serment. »

> Détestables Flatteurs, présent le plus funeste
> Que puisse faire aux Rois la Colère Céleste !

(*) Le Roi des Français n'eût-il *paru manquer* (je ne dis pas manqué) qu'à sa *Promesse*, à son *Serment* fait à la *presse*, le lendemain de ses grands jours, qu'il fallait, comme il a fait lui-même, éluder la question du Serment.....

A moins que, par la *Règle* appelée, en droit, des *Inclusions*, il n'ait fait serment qu'à là *Presse* qui le faisait... *Roi*.

La flatterie est le pire peut-être de tous les parjures et; le courage de dire et de savoir dire la vérité aux rois et aux peuples, la plus sûre des fidélités : c'est aussi celle que nous aurons, grâces à
Dieu, accomplie dans cet ouvrage.

TABLEAU ANALYTIQUE

DU

Traité de la Sainteté du Serment.

———

Définition logique et Histoire universelle de la Fidélité aux Puissances. — Examen du très-petit nombre d'exceptions faites à la Règle par la force-même des choses, et proclamées, selon les tems et
les lieux, par les seules Puissances morales, ou physiques existantes.
— Accord, sur ces grands points, des plus grands hommes de toutes
les Communions et de tous les Partis. — Jugement sur Grégoire VII.—Grands Exemples choisis des *dé-liens* uniques, en faveur
d'Henri IV ; — en faveur des Bourbons, en 1814 ; — en faveur
des d'Orléans, en 1830. — Définitions admirables et oubliées des
Sermens religieux, politiques, et civils, proprement dits.—Que le
Serment n'est, ni plus ni moins, qu'un *Sacrement* de seconde majesté.
— Qu'il n'est pas seulement un droit, mais un Commandement de
Dieu. — Qu'une fois prêté, il est censé renouvelé tous les jours.—
Magnificence de l'*Exaudiat* Romain, et des *textes* de l'Ecriture-
Sainte expressifs du Serment. — Que Dieu lui-même, et le premier,
fait des Sermens. — Histoire des Sermens divers chez les Peuples an-
ciens : — chez les Babyloniens ; — chez les Egyptiens, etc. ; —
chez les Grecs ; — chez les Romains, principalement : — que ce fut,
selon Montesquieu lui-même, le secret de leur *Grandeur* temporelle.
— Et cela, comme afin de consacrer mieux parmi les Chrétiens que
chez tous les autres, la Sainteté de la Foi et du Serment.—Que les

impies eux-mêmes ont leur Serment, à eux, qui prouve le nôtre.—
Opinions de Pascal et de Diderot sur la Fidélité. — Des *Formes* et
du *Culte*, plus solennels, des Sermens Chrétiens et Catholiques.—Sermens divers des Rois de France. — Théorie nouvelle des Duels et
des Combats *Judiciaires*. — Sermens des Papes et des Évêques. —
Histoire corrélative du Parjure ancien et moderne. — De l'horreur
universelle qu'il inspire.—Le Droit Romain, le Droit Français, etc.,
sur ce point.— Tableau historique des *Apostats* de tous les ordres,
et de toutes les époques. — Des Sermens Royaux prescrits par les
Chartes nouvelles. — Histoire, encore inconnue, de Guillaume III
d'Angleterre. — Histoire des Sermens pendant la Révolution. —
Id. sous l'Empire.— Appréciation nouvelle des hommes qu'on peut
appeler *types* d'infidélités : Michel Lepeletier, en regard de l'infâme
Pâris, etc.—Histoire, encore inconnue, de Richelieu;—de Mazarin;—
du Cardinal de Bouillon, etc. — Jugemens nouveaux sur les doctrines de MM. de la Rochejacquelein, Berryer, etc. — Appréciation du caractère de M. Guizot leur adversaire, dans la discussion
du Serment Politique. —Classification de toutes les Célébrités con-
temporaines, par la seule circonstance du plus ou moins de fidélité,
absolue ou relative.

Développement enfin, et démonstration, par la Parole de Dieu et
la Pratique de l'Eglise, et même par la Logique et l'Honneur du
monde, de la Proposition. que le Serment politique est le plus sacré
de tous les Sermens. — Qu'il doit s'entendre, et se pratiquer, par
l'Electeur et le Fonctionnaire, *dans le sens-même* de la Pensée du
Roi ou du Délégué du Roi qui le demande.